W9-BOM-917

CÓMO ENSEÑAR
MATEMÁTICAS A SU BEBÉ

GLENN DOMAN
JANET DOMAN

CÓMO ENSEÑAR
MATEMÁTICAS A SU BEBÉ
La Revolución Pacífica

S 372.51 D666 2011

www.edaf.net

MADRID - MÉXICO - BUENOS AIRES - SAN JUAN - SANTIAGO
2015

Título original: How to Teach your Baby Math
© 2005. Glenn Doman y Janet Doman
© 2011. De la traducción: M.ª del Puerto Barruetabeña
© 2011. De esta edición Editorial EDAF, S. L. U.
© Diseño de la cubierta: Silvia Muñoz Calle
Revisión técnica: Arturo Tenacio Vara

EDITORIAL EDAF, S. L. U.
Jorge Juan, 68. 28009 Madrid, España
Tel. (34) 91 435 82 60 - Fax (34) 91 431 52 81
http://www.edaf.net
e-mail: edaf@edaf.net

ALGABA EDICIONES, S. A. DE C. V.
Calle 21 - Poniente 3323
Colonia Belisario Domínguez
Puebla 72180, México
Teléfono 52 22 22 11 13 87
e-mail: edafmexicoclien@yahoo.com.mx

EDAF DEL PLATA, S. A.
Chile, 2222
1227 Buenos Aires, Argentina
Tel/Fax (54) 11 43 08 52 22
e-mail: edafdelplata@edaf.net

EDAF CHILE, S. A.
Coyancura, 2270 Oficina, 914
Providencia, Santiago de Chile
Chile
Tel (56) 2/335 75 11 - (56) 2/334 84 17
Fax (56) 2/ 231 13 97
e-mail: edafchile@edaf.net

EDAF ANTILLAS, INC.
Local 30, A2, Zona portuaria Puerto Nuevo
San Juan, PR (00920)
Tel. (787) 707 1792

Queda prohibida, salvo excepción prevista en la ley, cualquier forma de reproducción, distribución, comunicación pública y transformación de esta obra sin contar con la autorización de los titulares de la propiedad intelectual. La infracción de los derechos mencionados puede ser constitutiva de delito contra la propiedad intelectual (art. 270 y siguientes del Código Penal). El Centro Español de Derechos Reprográficos (CEDRO) vela por el respeto de los citados derechos.

6.ª reimpresión, abril 2015

ISBN: 978-84-414-2845-4
Depósito legal: M.32.948-2011

PRINTED IN SPAIN   IMPRESO EN ESPAÑA
Impreso por Cofas, S. A. -Pol. Ind. Prado de Regordoño -Móstoles- Madrid

Este libro está dedicado, con toda nuestra comprensión, a todos aquellos que alguna vez se han preguntado por qué bajamos el dos y nos llevamos siete.

Se lo ofrecemos con toda nuestra solidaridad a todos aquellos que tuvimos maestros de aritmética de un calibre mayor que el nuestro.

Y con la mayor de las empatías lo ponemos a disposición de todos aquellos a los que no les gustaban mucho las matemáticas en el colegio, que siguen sin comprenderlas del todo y que no tienen la confianza suficiente para sumar los precios de la lista de la compra.

Se lo brindamos como muestra de hermandad a todos aquellos que se siguen sorprendiendo al ver cómo una calculadora, un aparato de plástico de precio ridículo, puede hacer cosas que la mayoría de los humanos, con nuestros increíbles cerebros, no podemos hacer.

En pocas palabras: este libro está dedicado a casi todas las personas de más de dos años que pueblan este mundo.

Con un poco de suerte y prestándoles algo de atención a nuestros bebés, nosotros seremos los últimos de esa larga lista.

Índice

Págs.

Introducción 11

CAPÍTULO 1.   Padres, madres y niños: el equipo de aprendizaje más dinámico del mundo 25

CAPÍTULO 2.   El largo camino hacia la comprensión 31

CAPÍTULO 3.   Los niños pequeños *quieren* aprender matemáticas... 37

CAPÍTULO 4.   Los niños pequeños *pueden* aprender matemáticas ... 49

CAPÍTULO 5.   Los niños pequeños *deberían* aprender matemáticas 59

CAPÍTULO 6.   Cómo es posible que los niños hagan cálculos matemáticos instantáneamente 65

CAPÍTULO 7.   Cómo enseñar a su bebé 75

CAPÍTULO 8.   Cómo enseñar el reconocimiento de cantidades 89

CAPÍTULO 9.   Cómo enseñar las operaciones 97

CAPÍTULO 10. Cómo enseñar resolución de problemas 109

CAPÍTULO 11. Cómo enseñar los numerales 127

CAPÍTULO 12. La edad perfecta para empezar 135

CAPÍTULO 13. Sobre el respeto 153

Agradecimientos 159

Acerca de los autores 163

Apéndice. Operaciones y personalidades numéricas 165

Información adicional sobre cómo enseñar a su bebé 199

Índice temático 205

Introducción

QUERIDOS padres:

Muy poca gente compra un libro con la intención de llevarle la contraria. Por eso el hecho de que hayan comprado este significa que, por muy improbable que suene el título, ustedes tienen la razonable creencia de que es posible enseñarle matemáticas a un bebé. Y no se equivocan: se puede hacer y con un grado de éxito que superará incluso sus expectativas como padres y que nunca habrían creído posible.

Para ayudarles a comprender lo fácil que es hacerlo, así como lo increíblemente lejos que puede llegar su hijo en lo que respecta a las matemáticas y lo divertido que puede ser enseñar esta materia tanto para ustedes como para su hijo, creemos que es útil explicarles primeramente la forma en que surgió todo.

El personal de los Institutos para el Logro del Potencial Humano ha tenido durante los últimos treinta y cinco años una maravillosa historia de amor con los padres y madres. Como director de los Institutos tengo que decir que ha sido una historia de amor increíble, plena y siempre gratificante, pero comenzó con muchas dificultades; de hecho, surgió de algo forzado, algo así como una cita a ciegas. Al principio la confianza mutua brillaba por su ausencia y había muchos recelos. Ni siquiera se habría producido el encuentro si no hubiera sido por los niños enfermos y sus acuciantes necesidades. Esas necesidades fueron las que forzaron la unión entre nosotros y los padres.

En los años cuarenta los padres de los niños con lesiones cerebrales graves no tenían razones para sentirse agradecidos a los profesionales y mucho menos para confiar en ellos. En aquellos días los profesionales creían que solo mencionar la posibilidad de curar a un niño con lesión cerebral era una estupidez total e intentarlo, algo que llegaba a ser incluso inmoral. Hay muchos profesionales que hoy en día lo siguen creyendo.

Nosotros, profesionales que veíamos todos los días a niños que estaban paralizados, mudos, ciegos, sordos, incontinentes y a los que universalmente se les había considerado como «retrasados mentales», casos sin esperanza, albergábamos recelos contra los padres. Incluso nuestro grupo inicial, que con el tiempo se convertiría en el personal de los Institutos para el Logro del Potencial Humano, empezó con la creencia profesional tácita (pero muy arraigada) de que «todos los padres y madres son idiotas y que no se puede confiar en ellos». Este mito, que sigue vigente en algunos círculos, tiene el trágico resultado de que nadie habla con los padres y madres, ni tampoco los escuchan.

Nosotros también partimos de esa creencia y nos llevó muchos años aprender que las madres, seguidas muy de cerca por los padres, son las personas que más saben sobre sus propios hijos.

Cuesta mucho erradicar los mitos y el proceso de revertir lo aprendido es mucho más complicado que el de aprender. Para algunas personas, de hecho, revertir lo aprendido es imposible. Me asusta admitir que si no hubiera sido porque las acuciantes necesidades de los niños con lesión cerebral nos obligaron a tener un contacto diario codo con codo con sus padres, nunca habríamos sido conscientes del verdadero y extraordinario amor que los padres tienen por sus hijos, de la profunda apreciación que tienen de sus capacidades potenciales, ni de los logros aparentemente milagrosos que pueden hacer posibles para sus hijos cuando comprenden de una forma muy práctica cómo funciona el cerebro humano.

Cuesta ahogar los recelos y el verdadero amor hay que ganárselo. La necesidad no solo es la madre de la invención, sino también la base para el inicio del amor y la comprensión si ninguna de las dos partes se puede permitir el lujo de salir huyendo.

Como los niños con lesión cerebral necesitaban ayuda desesperadamente, nosotros y los padres nos vimos obligados a embarcarnos en un matrimonio no solo de conveniencia, sino también de necesidad. Si queríamos que los niños tuvieran una vida que mereciera la pena ser vivida, era obvio que tanto nosotros como los padres teníamos que dedicar todos y cada uno de los momentos de nuestras vidas a intentar conseguirlo.

Y eso hicimos.

Empezar un proyecto de investigación clínica es como subirse a un tren del que poco se sabe. Es una aventura llena de misterio y de entusiasmo porque no sabes lo que te costará el viaje, si vas a tener un compartimento para ti solo o viajarás en segunda clase, si el tren tiene vagón-restaurante o no, o si te llevará a donde esperabas ir o a un lugar extraño que nunca soñaste visitar.

Cuando los miembros de nuestro equipo se subieron a ese tren en diferentes estaciones todos esperábamos que nuestro destino fuera mejorar el tratamiento para los niños con lesión cerebral severa. Ninguno de nosotros soñó que conseguiríamos ese objetivo y que permaneceríamos en ese tren hasta acabar en un lugar en el que los niños con lesión cerebral llegaran a ser superiores a los niños sanos.

El viaje ha durado hasta ahora treinta y cinco años; el alojamiento era de segunda clase y el vagón-restaurante servía sobre todo sándwiches, noche tras noche, muy a menudo a las tres de la mañana. Los billetes nos han costado todo lo que teníamos, algunos no han vivido lo suficiente para terminar el viaje, pero ninguno se lo habría perdido por nada del mundo. Ha sido el más fascinante de los viajes.

La lista de pasajeros original incluía a un neurocirujano, un fisiatra (un médico especializado en medicina física y rehabilitación), un terapeuta físico, un logopeda, un psicólogo, un educador y una enfermera. Ahora somos más de cien y reunimos muchas más especialidades.

Originalmente formamos ese pequeño equipo con la intención de que cada uno de nosotros se hiciese cargo individualmente de una fase del tratamiento de los niños con lesión cerebral severa. Pero todos estábamos fracasando a nivel individual.

Si alguien quiere escoger un campo creativo en el que trabajar, será difícil encontrar alguno con más posibilidades de mejora que uno en el que hasta el momento el fracaso haya sido del 100% y el éxito inexistente.

Cuando empezamos a trabajar juntos hace más de cuarenta años, *no habíamos visto u oído nunca que un niño con lesión cerebral hubiera mejorado.*

El grupo que formamos después de vivir nuestros fracasos individuales se llamaría hoy en día «equipo de rehabilitación», aunque en aquellos días esas palabras no se habían oído nunca y nosotros no nos percibíamos como algo tan importante como eso. Seguramente la visión que teníamos de nosotros era más patética y más clara: un grupo que se unía, como vaqueros solitarios que forman una banda, con la esperanza de ser más fuertes juntos de lo que habíamos demostrado ser por separado.

Descubrimos que importaba muy poco (excepto desde el punto de vista de la investigación) si un niño había sufrido la lesión antes del nacimiento, en el mismo nacimiento o después de él; en estos casos preocuparse por eso era como preocuparse por que a un niño le hubiera atropellado un automóvil antes del mediodía, a mediodía o después del mediodía. Lo que realmente importaba era qué parte del cerebro había sufrido la lesión, hasta dónde llegaba esa lesión y qué se podía hacer con ella.

Descubrimos que importaba muy poco si el cerebro sano de un niño se había visto dañado porque sus padres tenían factores Rh incompatibles, porque su madre había tenido una enfermedad infecciosa como la rubéola durante los tres primeros meses de embarazo, porque el cerebro había tenido una insuficiencia de oxígeno durante el periodo prenatal o porque el niño había nacido prematuramente. El cerebro también había podido sufrir daños como resultado de un parto demasiado prolongado, por una caída con un golpe en la cabeza que hubiera causado coágulos en el cerebro, por una fiebre alta con encefalitis, por un accidente de automóvil o por cualquier otro de los cientos de factores posibles. Aunque esto podría ser significativo desde el punto de vista de la investigación, para nosotros daba igual si un niño había sido golpeado por un coche o por un martillo. Lo importante en estos casos era qué parte del cerebro estaba dañada, hasta dónde alcanzaba el daño y qué íbamos a hacer al respecto.

En aquellos días las personas que trataban con niños con lesión cerebral tenían la visión de que los problemas de estos niños podían resolverse tratando los síntomas que presentaban en los oídos, los ojos, la nariz, la boca, el pecho, los hombros, los codos, las muñecas, los dedos, las caderas, las rodillas, los tobillos o los dedos de los pies. Una gran parte de los que tratan con estos niños todavía creen eso hoy en día.

Ese tipo de enfoques no funcionaban entonces ni lo hacen ahora; no es posible que funcionen si no atacan el verdadero problema.

Debido a esta falta total de éxito, nosotros concluimos ya en aquella época que si queríamos solucionar los múltiples síntomas de los niños con lesión cerebral tendríamos que tratar la fuente del problema: el propio cerebro humano.

Aunque al principio eso parecía una tarea imposible o al menos monumental, en los años que siguieron nosotros (y otros profesionales) encontramos métodos quirúrgicos y no quirúrgicos para tratar el cerebro.

Primero nos enfrentamos al problema desde una perspectiva no quirúrgica. Concluimos que, como no había esperanza de recuperar las células cerebrales muertas, tendríamos que encontrar formas de reproducir de alguna manera los patrones de crecimiento neurológico de los niños sanos. Eso significaba comprender cómo empieza el cerebro de un niño, cómo crece y cómo madura. Estudiamos exhaustivamente a muchos cientos de recién nacidos, bebés de pecho y niños pequeños sanos.

Mientras aprendíamos lo que era y lo que significaba el crecimiento cerebral normal, empezamos a descubrir que esas actividades básicas de los niños sanos tan bien conocidas por todos, arrastrarse y gatear, tienen una importancia fundamental para el cerebro. Nos dimos cuenta de que si a los niños sanos se les priva de esas actividades por factores culturales, sociales o por cuestiones del entorno, el potencial de estos niños se ve gravemente afectado. Y el perjuicio es mayor si se trata de un niño con lesión cerebral.

Cuando intentamos reproducir el patrón físico de crecimiento normal en los niños enfermos, empezamos a ver que los niños con lesión cerebral mejoraban muy levemente.

Más o menos en ese momento, después de trabajar varios años con los padres, comenzaron a desaparecer los recelos mutuos del principio. El cariño y la confianza estaban calando tanto que empezamos a confiar en el amor y el buen juicio de nuestros padres hasta el punto de que dejamos de tratar a los niños nosotros mismos para pasar a enseñar a los padres *todo* lo que sabíamos del cerebro, diseñar programas para los niños y enviar a la familia a casa para que los padres pusieran en práctica estos programas con sus hijos en su hogar. Los resultados mejoraron en vez de empeorar. Y nuestro respeto por los padres creció considerablemente.

También en esa época los especialistas de nuestro equipo en neurología empezaron a desarrollar con éxito enfoques quirúrgicos que demostraban de forma concluyente que la respuesta estaba en el cerebro. Un método en concreto podrá servirnos de ejemplo de los muchos tipos de neurocirugía que empezaron a realizar y que hoy en día todavía se utilizan para solucionar los problemas de los niños con lesión cerebral.

La entidad que todos conocemos como «cerebro» comprende en realidad dos cerebros: el cerebro derecho y el cerebro izquierdo. Ambas partes están divididas longitudinalmente (es decir, de delante a atrás), justo por el centro de la cabeza. En los seres humanos sanos el cerebro derecho (o la mitad derecha del cerebro, si lo prefieren) es responsable de controlar el lado izquierdo del cuerpo, mientras que el cerebro izquierdo se ocupa de dirigir el lado derecho.

Si una mitad del cerebro de un niño se ve dañada seriamente, los resultados son catastróficos. El lado opuesto de su cuerpo queda paralizado y el niño ve muy restringidas sus funciones. Muchos niños en estas condiciones tienen graves y constantes episodios de convulsiones que no responden ante ninguna medicación conocida. Y creo que no es necesario decir que estos niños en ocasiones llegan incluso a fallecer.

Durante décadas se había mantenido la opinión de dar por perdidos a estos niños porque, cuando una célula cerebral muere, ya está muerta y no se puede hacer nada por un niño con células cerebrales muertas, así que es mejor no intentarlo. Pero los expertos en el cerebro de nuestro equipo ya en 1955 estaban realizando un tipo de cirugía casi increíble en esos niños: se denomina hemisferectomía. Una hemisferectomía consiste exactamente en lo que se infiere del propio término: la extirpación quirúrgica de la mitad del cerebro humano.

Así teníamos niños con medio cerebro en su cabeza y el otro medio, miles de millones de células cerebrales muertas y perdidas, en un frasco de hospital. Pero los niños que se sometieron a esta operación no estaban muertos ni desahuciados, muy al contrario: hemos visto niños con solo medio cerebro que caminaban, hablaban e iban al colegio como los demás niños. Algunos de esos niños *estaban por encima de la media y al menos uno tenía un cociente intelectual que entraba dentro de los niveles atribuidos a los genios.*

A la vista de estas pruebas resultaba obvio que si una mitad del cerebro estaba gravemente dañada, importaba poco lo bien que estuviera la otra mitad mientras la parte dañada siguiera ahí. Si, por ejemplo, un niño con este problema sufría convulsiones provocadas por el lado izquierdo lesionado, ese niño no podría demostrar su inteligencia hasta que la mitad muerta fuera extirpada y así dejara a la mitad derecha intacta ocuparse de la totalidad de la función sin interferencias.

Durante mucho tiempo sostuvimos, en contra de la creencia popular, que un niño podía tener diez células cerebrales muertas y nadie tendría por qué enterarse de ello. O cien, y tampoco nos daríamos cuenta. O tal vez incluso mil. Pero ni en nuestras más locas fantasías nos habíamos atrevido a creer que un niño podía tener *miles de millones* de células cerebrales muertas y aun así realizar cualquier actividad tan bien como un niño sano y en ocasiones incluso mejor.

Ahora necesito que los lectores se unan a mí en una especulación: ¿cuánto tiempo podemos estar mirando a Johnny, al que se le ha extirpado la mitad del cerebro, mientras hace una actividad tan bien como Billy, que tiene el cerebro intacto, antes de decir: «¿Qué problema tiene Billy? ¿Por qué Billy, que tiene el doble de cerebro que Johnny, no lo hace el doble de bien, o al menos algo mejor?».

Después de haber visto esto una y otra vez, empezamos a mirar a los niños sanos con una nueva mirada inquisitiva. ¿Los niños están haciendo todo lo bien que son capaces de hacerlo? Esa es la pregunta fundamental que nunca nos habíamos atrevido a formular.

Mientras tanto, los miembros del equipo que no practicábamos la cirugía habíamos ido adquiriendo un extenso conocimiento sobre cómo crecen los niños y cómo se desarrolla su cerebro. Según fueron aumentando nuestros conocimientos sobre los niños sanos, los métodos sencillos que desarrollábamos con la intención de reproducir la normalidad en los niños con lesión cerebral iban tomando velocidad. En ese momento ya estábamos empezando a ver a un pequeño número de niños con lesión cerebral que alcanzaban la normalidad gracias a unos métodos de tratamiento sencillos y no quirúrgicos que iban evolucionando y mejorando a un ritmo constante.

En el propósito de este libro no entra detallar los conceptos o los métodos utilizados para resolver los múltiples problemas de los niños con lesión cerebral. Otros libros ya publicados o en este momento aún en forma de manuscrito se ocupan del tratamiento de los niños con lesión cerebral. Sin embargo, el hecho de que esos problemas se están resolviendo día a día es importante para comprender el camino que nos llevó a saber que los niños promedio pueden realizar cualquier actividad infinitamente mejor de lo que lo hacen en este momento.

Para ilustrar el tema que estamos tratando bastará con decir que desarrollamos técnicas extremadamente simples para reproducir los patrones del desarrollo normal en los niños con lesión cerebral. Por ejemplo, cuando un niño con lesión cerebral era incapaz de moverse correctamente, simplemente se le iba guiando en una progresión ordenada a través de las fases de crecimiento que se dan en los niños promedio: primero se le ayudaba a mover los brazos y las piernas, después a arrastrarse, seguidamente a gatear y finalmente a caminar. Se le proporcionaba ayuda física para hacer todas estas actividades en una secuencia y siguiendo un patrón. El niño iba progresando y superando fases cada vez más complejas (igual que los niños superan cursos en el colegio) siempre y cuando se le estuvieran dando oportunidades ilimitadas de realizar esas actividades.

Una vez que iniciamos un programa de este tipo, pronto empezamos a ver que el rendimiento de los niños con lesión cerebral empezaba a rivalizar con el de los niños que no tenían ningún tipo de lesión. Y según íbamos mejorando las técnicas, lo que encontramos fueron niños con lesión cerebral que no solo hacían las actividades tan bien como los niños promedio, sino que, de hecho, acababan destacando más que ellos.

Cuando nuestra comprensión del crecimiento neurológico y de la normalidad empezó a tomar la forma clara de un patrón y cuando nuestros métodos no quirúrgicos para la reproducción de la normalidad se multiplicaron, *comenzamos a ver que algunos niños con lesión cerebral realizaban actividades a unos niveles por encima de la media o incluso a niveles de excelencia* sin necesidad de cirugía. Eso nos entusiasmó sin medida. Incluso nos asustó un poco. Era obvio que habíamos, como mínimo, subestimado el potencial de los niños.

Entonces nos surgió una cuestión fascinante. Supongamos que estamos analizando a tres niños de siete años: Albert, que tiene la mitad de su cerebro metido en un frasco; Billy, que tiene un cere-

bro perfectamente normal; y Charley, que ha recibido un tratamiento no quirúrgico que ha conseguido que pueda realizar cualquier actividad de una forma totalmente normal a pesar de que
todavía tiene millones de células muertas en su cerebro. El rendimiento de los tres está al mismo nivel. Entonces nos preguntamos:
¿cuál es el problema con Billy, el niño perfectamente normal, promedio y sin ninguna lesión?

¿Cuál es el problema con los niños *sanos*?

Aunque en esa época ya estábamos trabajando siete días a la
semana y dieciocho horas al día, cada día y cada hora estaban lle-
nos de entusiasmo y no estábamos solos. Con nosotros estaban
los padres y su entusiasmo nacía de las cosas increíbles que estaban logrando con sus hijos enfermos. A principios de los sesenta la relación romántica que teníamos con ellos produjo que
muchos niños que empezaron enfermos estuvieran completamente bien e incluso que algunos fueran excelentes. Y lo habían
logrado en sus casas. Además, esa relación funcionaba recípro-
camente y en ese momento alcanzó un punto álgido que nunca
abandonó.

¿Qué problema había con los niños sanos? Durante años nuestro trabajo había estado cargado de la energía que se siente antes
de los grandes acontecimientos o de los descubrimientos importantes. En esos años la niebla de misterio que envolvía por completo a nuestros niños con lesión cerebral se había ido disipando
gradualmente. Habíamos empezado a ver cosas que ni se nos habían pasado por la cabeza con anterioridad. Donde antes solo había
hechos desconectados y disociados acerca de los niños sanos surgió una conexión lógica entre los niños con lesión cerebral (y por
tanto neurológicamente desorganizados) y los niños sanos (neurológicamente organizados presumiblemente). Cuando surgió, esta
secuencia lógica comenzó a apuntar insistentemente hacia un camino mediante el cual se podía cambiar notablemente al hombre en
sí mismo, un cambio para mejor: ¿la organización neurológica
estándar que muestran los niños sanos tiene que ser necesariamente
el fin del camino?

Ahora que los niños con lesión cerebral rendían tan bien como los niños promedio o incluso mejor, la posibilidad de que el camino fuera más allá empezó a verse con claridad.

Siempre se había asumido que el crecimiento neurológico y su producto final, la capacidad, suponían hechos estáticos e irrevocables: este niño podía y este niño no.

Pero nada más lejos de la verdad.

La verdad es que el crecimiento neurológico, que siempre se ha considerado un hecho estático e irrevocable, es un proceso dinámico en cambio permanente.

En los niños con una lesión cerebral severa vemos este crecimiento neurológico completamente parado. En los niños «con retraso» ese proceso está considerablemente ralentizado. En los niños promedio se produce a una tasa media, y en un niño con capacidades superiores a una velocidad mayor que la media. Ahora nos hemos dado cuenta de que el niño con lesión cerebral, el niño estándar y el niño con capacidades superiores no son tres tipos diferentes de niño, sino que más bien representan una evolución que empieza en la desorganización neurológica extrema que crea la lesión cerebral severa, pasa por una desorganización neurológica moderada causada por una lesión moderada o leve, continúa por la cantidad media de organización neurológica que demuestra el niño promedio y acaba en el alto grado de organización que tienen invariablemente los niños con capacidades superiores.

Habíamos tenido éxito reactivando el proceso en los niños con lesión cerebral grave, que lo tenían totalmente parado, y también habíamos podido acelerarlo en los niños con retraso. De ahí que nos pareciera obvio que el proceso de crecimiento neurológico podía acelerarse e igualmente retrasarse.

Después de haber ayudado repetidamente a niños con lesión cerebral a pasar de la desorganización a la organización neurológica normal o incluso superior empleando las técnicas simples y no quirúrgicas que habíamos ido desarrollando, teníamos muchas razones para creer que esas mismas técnicas podían utilizarse para aumentar la cantidad de organización neurológica de un niño promedio. Una de las técnicas que había funcionado con los niños con lesión cerebral era la enseñanza de la lectura.

Enseñar a un bebé sano a leer es la actividad a través de la que se ve más claramente que es posible aumentar la capacidad de organización neurológica de un niño.

Ya en 1963 había cientos de niños con lesión cerebral grave que sabían leer y lo hacían con una comprensión total de los textos a los dos años de edad. Y fueron sus padres en casa los que les enseñaron a hacerlo. Algunos padres habían enseñado en casa a sus niños sanos también.

Ya estábamos preparados y teníamos toda la información que necesitábamos para dirigirnos a las madres y padres de los niños sanos. Y eso es lo que hicimos.

En mayo de 1963 escribimos un artículo titulado «Usted puede enseñar a leer a su bebé» para la revista *Ladies' Home Journal*. Nos llegaron cartas a centenares de madres que habían enseñado a leer a sus bebés y que habían disfrutado mucho haciéndolo.

En mayo de 1964 publicamos un libro titulado *Cómo enseñar a leer a su bebé* que llevaba como subtítulo «La Revolución Pacífica». La editorial Random House lo publicó en los Estados Unidos, y Jonathan Cape en Gran Bretaña. Hoy en día ese libro se ha traducido a quince idiomas. Las cartas de las madres y padres no han dejado de llegar desde entonces (ahora a miles).

Esas cartas comentan tres cosas de forma recurrente:

1. Que es más fácil enseñar a leer a un niño de uno o dos años de lo que es enseñar a un niño de cuatro años. Y que es más fácil enseñar a un niño de cuatro que a un niño de siete.

2. Que enseñar a un niño pequeño a leer produce una gran felicidad tanto en los padres como en el niño.

3. Que cuando un niño pequeño aprende a leer, no solo crece su conocimiento a pasos agigantados, sino que también lo hacen su curiosidad y su estado de alerta. En pocas palabras: el niño se vuelve más inteligente tras aprender a leer.

Las madres también nos hacían preguntas interesantes para que les diéramos una respuesta. Una que destacaba mucho entre ellas era: «Ahora que he enseñado a mi niño de dos años a leer, no debería ser muy difícil enseñarle matemáticas, ¿verdad? Si no lo es, ¿cómo puedo hacerlo?».

Nos llevó diez años responder a esa pregunta, pero al final encontramos la respuesta y hemos enseñado a cientos de niños sanos y con lesión cerebral a hacer cálculos matemáticos con facilidad y con un grado de éxito que al principio nos dejaba a nosotros mismos con la boca abierta de asombro. Ahora es tarea nuestra poner esa información a disposición de todas las madres y padres para que decidan si quieren o no aprovechar la oportunidad de enseñar matemáticas a sus hijos. Este libro es la forma que hemos elegido para transmitirles la información de que eso es posible y cómo pueden hacerlo.

Por improbable que pueda parecer, la creencia de que es posible enseñar matemáticas a los bebés igual que se les enseña a leer tiene una base muy firme.

Y en los primeros puestos de la lista de las cosas que nosotros hemos aprendido está que las madres y los padres son, con mucho, los mejores maestros del mundo para los niños.

Que pasen un tiempo agradable, emocionante y lleno de amor enseñándoles.

GLENN DOMAN

Postdata: Al lector le resultará útil para comprender cómo aprenden matemáticas los niños tener una perspectiva, aunque sea somera, de cómo operan los Institutos.

Los Institutos para el Logro del Potencial Humano los conforman un grupo de siete Institutos que se ubican en un mismo campus en una zona residencial de Filadelfia. Tres de esos Institutos tratan directamente con niños, mientras que los otros cuatro proporcionan el apoyo científico al resto de Institutos o son lugares de formación para profesionales o padres.

De los tres que tratan directamente con niños, el Instituto para el Logro de la Excelencia Fisiológica es el más antiguo y trata solamente a niños con lesión cerebral, diseñando programas para ellos y enseñando a los padres cómo ponerlos en práctica en casa. El Instituto para el Desarrollo Humano es para jóvenes con problemas graves de aprendizaje.

El tercero, el Instituto Evan Thomas, se dedica a enseñar a los padres y madres a enseñar a sus bebés a leer, matemáticas y muchas otras cosas y se puso en funcionamiento como resultado de lo que se había descubierto a lo largo de los años en los otros Institutos.

Estas tres instituciones tienen como objetivo ayudar a estos bebés, niños y jóvenes a lograr la excelencia física, intelectual y social.

CAPÍTULO 1

Padres, madres y niños: el equipo de aprendizaje más dinámico del mundo

Nosotras las madres somos las alfareras y nuestros hijos son la arcilla.

WINIFRED SACKVILLE STONER EN *NATURAL EDUCATION*

COMO la mayoría de la gente, yo empiezo el día con el desayuno, la parte agradable, y el periódico, mi dosis diaria de depresión. A veces, tras echar un vistazo a su sucesión de horrores, guerras, asesinatos, violaciones, crueldades, locura, muerte y destrucción lo acabo dejando a un lado con una sensación de que no va a haber un mañana y que, si no lo hay, tal vez esa sea la mejor noticia que podrían darme. Pero las noticias del periódico solo son una forma de realidad; por suerte no es la única. Y yo tengo una forma que siempre me funciona para conseguir que el mundo adquiera de nuevo e instantáneamente una perspectiva maravillosa: a cien metros de mi casa está el Instituto Evan Thomas con sus encantadores padres, su joven y agradable personal y sus bebés y niños pequeños que, aunque normales, son realmente extraordinarios.

Me cuelo en silencio y entro hasta el fondo de la sala, me siento en el suelo apoyando la espalda contra una pared y observó cómo se produce la revolución más pacífica e importante del mundo. En solo cinco minutos mis esperanzas para el mundo se disparan como un cohete, mi espíritu vuela, mi perspectiva vuelve a su lugar y una vez más me encuentro en la mañana de un gran día.

Es una sala muy agradable. La llamamos la sala japonesa porque tiene suelo de tatami japonés, pantallas *shoji* y nada más, excepto gente extraordinaria y una vibrante y palpable sensación de emoción, amor y respeto que todo el que entra en esa sala puede sentir.

En el lado opuesto de la sala y de frente a mí, tres miembros del personal que rozan la treintena están de rodillas. A su alrededor, formando un semicírculo de cara a ellos, hay veinte madres y padres de entre veinte y cuarenta años aproximadamente. Sentados en el suelo delante de sus padres están los encantadores niños de dos y tres años, muy ordinarios y a la vez profundamente extraordinarios. Algunos de los padres tienen a sus hijos en brazos. Nadie me ha prestado ni la más mínima atención, ni a mí ni al resto del grupo de observadores que incluye a un profesor de universidad, dos maestros, un escritor británico, un pediatra australiano y una madre primeriza.

Una niña rubia de dos años está leyendo en voz alta. Está tan absorta en lo que está leyendo que a veces se ríe sola cuando lee una frase que le hace gracia.

Yo no entiendo los chistes porque la niña está leyendo en japonés. Aunque he trabajado a menudo en Japón con niños japoneses, el poco japonés que sé no me alcanza para entender lo que lee. Cuando lee una frase que le hace reír, los otros niños se ríen también. Además, está leyendo el japonés, no con los caracteres latinos, sino con los antiguos *kanji*, la escritura de los eruditos.

Solo hay una persona japonesa en la sala. Miki Nakayachi, la bellísima *sensei* (maestra) vestida con kimono, interrumpe a la niña para preguntarle algo. La pregunta de Miki y la respuesta de Lindley también son ambas en japonés, así que no entiendo nada, pero parecen interesar mucho a todo el mundo; hago una nota mental de preguntarle después a Miki de qué estaban hablando.

Lindley termina de leer y Janet Doman, la directora de los Institutos, pregunta en inglés: «¿Quién quiere inventar unas cuantas frases divertidas en japonés?».

Se levantan varias manos y Janet escoge a Mark, que tiene tres años. Mark se levanta de un salto y se sitúa al lado de Suzie Aisen, la vicedirectora de los Institutos. Suzie coloca varios tacos de tarjetas delante de Mark. Cada tarjeta contiene un solo ideograma *kanji*, todos ellos indescifrables para mí. Algunos son nombres, otros verbos, artículos, adjetivos o adverbios. Mark escoge varias tarjetas, las coloca en el suelo en el orden que quiere y las lee en voz alta. Todo el mundo se ríe y Janet traduce (para mi gran alivio). El niño ha escrito: «El alce se sienta en el pastel de manzana».

Otro niño de dos años hizo la frase: «El elefante le está cepillando los dientes a la fresa».

Y así siguen durante treinta deliciosos minutos que parecen pasar en un instante.

Finalmente, los miembros del personal se levantan y se quedan mirando a los padres y a los niños. Los niños también se levantan con obvia reticencia y después lo hacen los padres. Todos se inclinan graciosamente ante los demás. Es una visión tan maravillosa que se me llenan los ojos de lágrimas y bajo la vista fingiendo mirar el reloj para ocultarlas. Oigo risas: un niño de quince meses se ha inclinado tanto que ha perdido el equilibrio. Él también se ríe mientras se levanta.

La reticencia para abandonar la clase de lengua, lectura y composición de frases en japonés termina con una carrera de madres y niños ordinarios pero notablemente extraordinarios por el pasillo para llegar a la siguiente clase: la de matemáticas avanzadas.

Pienso en lo increíblemente lejos que hemos llegado en los años que han pasado tan rápido desde mayo de 1963, cuando empezó la Revolución Pacífica tan silenciosamente con la publicación de *Cómo enseñar a leer a su bebé*.

Cuando los padres descubrieron que no solo podían enseñar a sus bebés a leer, sino que podían enseñarles fácilmente y con mejores resultados con dos años lo que el sistema educativo les proporcionaba a los siete, aprovecharon la oportunidad al máximo y un mundo nuevo y casi indescriptible se abrió ante los ojos de todos. Un mundo de padres e hijos. Y dentro de ese mundo estaba el potencial de cambiar el mundo a mayor escala, en muy poco tiempo y para pasar a algo infinitamente mejor.

En el año 1975 un puñado de madres jóvenes, brillantes y entusiastas descubrieron el Instituto Evan Thomas y el Instituto Evan

Thomas los descubrió a ellas. Juntos enseñaron a sus bebés a leer en inglés a la perfección y adecuadamente en otros dos o tres idiomas. Enseñaron a sus hijos matemáticas a una velocidad que las dejó boquiabiertas y con una sorprendente aunque maravillosa incredulidad. Enseñaron a sus hijos de uno, dos y tres años conocimientos enciclopédicos sobre pájaros, flores, insectos, árboles, presidentes, banderas, naciones, geografía y un millar de cosas más. Les enseñaron a hacer rutinas olímpicas de ejercicios en barras de equilibrio, a nadar y a tocar el violín. En resumen: descubrieron que podían enseñar a sus bebés cualquier cosa que pudieran presentarles de una forma sincera y objetiva.

Y lo más *interesante* de todo: descubrieron que al hacerlo multiplicaban la inteligencia de sus hijos. Y lo más *importante*: enseñarles era para ellos y sus hijos la mejor experiencia que habían disfrutado juntos, una experiencia que multiplicaba su amor mutuo y por encima de todo su respeto mutuo.

El Instituto Evan Thomas no enseña a los niños; enseña a los *padres* a enseñar a sus hijos. Y ahí estaban esos padres jóvenes, en la flor de la vida, no en el principio del fin sino en el final del principio, aprendiendo con veinticinco o con treinta y dos años a hablar japonés, a leer en español o a tocar el violín, yendo a conciertos, visitando museos, haciendo gimnasia o una infinidad de cosas más que esos padres habían soñado hacer en algún momento indeterminado del futuro distante, esas cosas que la mayor parte de la gente nunca llega a cumplir. Pero ahora estaban haciendo esas cosas con sus hijos pequeños, lo que aumentaba la felicidad que obtenían al hacerlo. La culpa por pasar poco tiempo con sus hijos se había convertido mágicamente en el orgullo y la sensación real de las posibilidades que encerraban ellos mismos, sus hijos y las aportaciones que estos podrían hacer al mundo en el futuro.

Una mañana hace más de un año, cuando llegué a la clase de matemáticas, Suzie y Janet les estaban presentando a los niños los problemas de matemáticas a gran velocidad, tanta que a mí ni siquiera me daba tiempo a asimilarlos. Sus respuestas eran siempre correctas; no *casi* correctas, sino *completamente exactas*.

—¿Cuánto es —preguntaba Suzie— 16 por 19, menos 151, multiplicado por 3, más 111, dividido por 4 y menos 51?

—¿A qué distancia está Filadelfia de Chicago? —les decía Janet—. Y si vuestro coche gasta 4 litros de gasolina cada 8 kilómetros, ¿cuántos litros de gasolina necesitaréis para ir en coche hasta Chicago? ¿Y si el coche gastara 4 litros cada 19 kilómetros?

Me acordé de Giulio Simeone y el día en que le pregunté cuánto era 19 al cuadrado.

—361, pero pregúntame algo difícil que tenga una respuesta larga.

—Está bien —le respondí mientras buscaba en mi mente algo que tuviera una respuesta larga—. ¿Cuántos ceros hay en un sextillón?

Giulio, que tenía tres años y al que le gustaban los números grandes, se quedó pensativo durante unos segundos.

—21 —anunció con una sonrisa. Yo tuve que sentarme y escribir un sextillón. Ciertamente hay veintiún ceros en un sextillón.

He visto cómo ocurrían cosas así de espléndidas muchas veces, pero nunca dejan de asombrarme. Ni tampoco dejan de servirme para restaurar mi alma y mi fe en que va a merecer la pena ver y vivir el mañana.

Nos ha llevado diez años aprender la manera, pero finalmente estamos preparados para enseñar a todos los padres que quieran enseñar a su vez matemáticas a sus bebés. Considerando lo extraordinariamente inteligentes que son los bebés y la facilidad que tienen para aprender, no sorprende a nadie que podamos enseñarles también esto. Lo increíble fue que nosotros aprendiéramos a enseñarles matemáticas mejor que sus propios padres, que son quienes en última instancia les enseñaron de verdad.

¿Cómo puede ser esto y cómo hemos aprendido nosotros?

CAPÍTULO 2

El largo camino hacia la comprensión

El hombre, un zopenco torpe, yerra en la vejez y juventud;
los bebés conocen la verdad.

SWINBURNE

Estaba completamente asombrado.

¿Podía ser tan simple como parecía? Y si lo era, ¿cómo había podido ser tan tremendamente estúpido como para no haberme dado cuenta de que la respuesta que llevaba tantos años buscando estaba ahí? Si era cierto, yo había sido un tremendo tanto, pero esperaba con todas mis fuerzas que así fuera.

Era un sitio extraño para toparse con la respuesta obvia y, al menos para mí, un momento aún más extraño. Estaba en el Hotel Okura, en Tokio, y pasaban pocos minutos de las 6 de la mañana. Muy pocas veces me levanto tan temprano porque no suelo conseguir acostarme antes de las 2 o las 3 de la madrugada.

Me había ido a dormir pocas horas antes con un problema todavía rondando en mi cabeza. El equipo y yo estábamos en Tokio, adonde vamos al menos dos veces al año para enseñar a los padres de los niños japoneses cómo multiplicar la inteligencia de sus bebés sanos y con lesión cerebral. Tenemos bastante experiencia en ese campo porque también enseñamos dos veces al año en Gran Bretaña, Irlanda, Italia, Australia y Brasil de la misma manera que lo hacemos el resto del tiempo en Estados Unidos.

Los padres japoneses, igual que los demás padres que enseñamos en Filadelfia y en otros lugares, estaban teniendo un éxito clamoroso. Casi todos los niños podían leer a edades mucho más tempranas que los niños promedio y ya habían almacenado miles de datos de información enciclopédica en sus cerebros sobre una miríada de temas. También hacían problemas matemáticos a una velocidad que superaba a la de los adultos, algo que a los propios adultos les parecía maravilloso a la vez que un poco abrumador (aunque eso no le preocupaba a los niños, porque aún no sabían que los adultos no podían hacer lo mismo que ellos).

La clase sobre cómo enseñar matemáticas a su bebé había sido una clase de repaso, porque ya casi todos los niños de dos y tres años dominaban las matemáticas. Los padres, encantados de haber podido enseñar a sus hijos, estaban muy atentos, pero no acababan de entender mi explicación sobre por qué los niños podían hacer los problemas matemáticos *más rápido* y *mejor* que ellos.

Sabía que la razón de que ellos no acabaran de comprenderme era que yo mismo no acababa de entender la cuestión que estaba explicando. Tanto ellos como nosotros sabíamos más allá de toda dura que *era* así porque veíamos lo bien que los niños hacían los cálculos matemáticos. Pero ni los padres ni yo estábamos satisfechos con las respuestas que teníamos para el *porqué*.

¿Era pura y simplemente por la técnica tan básica y diferente que habíamos desarrollado para introducirles en las matemáticas? Si esa era la respuesta, ¿por qué todavía no habíamos encontrado un solo adulto que tuviera un éxito similar con el mismo sistema tan simple?

Me había ido a dormir insatisfecho con mis complejas respuestas a sus preguntas. Me desperté pocos minutos antes de las seis, totalmente alerta, algo muy inusual en mí. ¿Podía ser que la respuesta pudiera ser tan evidente y tan simple? Ya había considerado y rechazado más de cien respuestas más complejas. ¿Podría ser que nosotros los adultos llevemos tanto tiempo utilizando símbolos para representar hechos que, al menos en lo que respecta a las matemáticas, hayamos aprendido a percibir solo los símbolos y no los hechos en sí? Estaba claro que los niños podían percibir los hechos porque prácticamente era lo que todos hacían.

Recordé un sabio consejo de Sherlock Holmes: si se eliminan todos los factores imposibles, la solución que quede debe ser la respuesta, por muy improbable que parezca.

Así que esa tenía que ser la respuesta.

Resulta increíble que nosotros los adultos hayamos conseguido guardar el secreto de las matemáticas y privar a los niños de él todo este tiempo. Y también sorprende que los niños con toda su inteligencia (que es mucha) no hayan conseguido darse cuenta. La única razón posible para que un adulto no le haya dado pistas a algún niño de dos años es que los adultos tampoco conocían el secreto. Pero ahora se ha descubierto.

El secreto más importante está en los niños en sí mismos. Nosotros los adultos hemos creído que cuanto mayor se es, más fácil resulta aprender. En algunos aspectos eso es cierto. Pero *no* lo es por ejemplo en lo que se refiere a las lenguas.

Las lenguas están formadas por hechos en forma de palabras, números o notas musicales, según la lengua de la que estemos hablando. En lo que respecta a los hechos puros, los niños pueden aprender *cualquier cosa* que les presentemos de una forma sincera y objetiva. Y lo que es más: cuanto más pequeños sean, más fácil les resultará.

Las palabras son símbolos escritos que representan cosas, acciones o pensamientos objetivos y específicos. Las notas musicales son símbolos escritos que representan sonidos objetivos y específicos y los números son símbolos escritos que representan cantidades de objetos objetivas y específicas.

A la *mayoría* de los adultos se les suele dar mejor leer palabras, música o hacer cálculos matemáticos que a la *mayoría* de los niños, pero todos los niños aprenden más rápido y con más facilidad que los adultos a distinguir *individualmente* las palabras, las notas y los números *si se les da la oportunidad cuando son pequeños*. Es más fácil para un niño de cinco años aprender cosas que para uno de seis, para uno de cuatro que para uno de cinco, para uno de tres que para uno de cuatro y para uno de dos más que para uno de tres. Y también es más fácil para un niño de un año que para uno de dos (si está dispuesto a tener la paciencia de esperar a que el niño llegue a los dos años para comprobarlo, hágalo).

Ahora está muy claro que cuanto más pequeño se aprenda a hacer algo, mejor se hará. John Stuart Mill podía leer griego cuando tenía tres años. Eugène Ormandy sabía tocar el violín también con tres años. Igual que Mozart. La mayoría de los grandes matemáticos como Bertrand Russell hacían operaciones aritméticas cuando eran pequeños.

En el aprendizaje de las matemáticas los niños pequeños tienen una increíble *ventaja* sobre los adultos. Al leer palabras los adultos reconocemos el símbolo *o* el hecho sin esfuerzo. Así tanto la palabra escrita «nevera» como la nevera en sí misma nos vienen a la mente instantánea y fácilmente. Aprender el lenguaje de la música es un poco más difícil para los adultos que para los niños. Si un adulto sabe leer música, le resultará más fácil reconocer la nota escrita que el sonido preciso que representa. Muchos de nosotros somos duros de oído o incluso totalmente incapaces de identificar un sonido aunque sepamos leer el símbolo. Muy pocos adultos tienen buen oído y pueden dar siempre con el sonido exacto representado por una nota. Pero a los niños pequeños se les puede enseñar con muy poco esfuerzo a identificar esos sonidos de una forma casi perfecta.

Con las matemáticas la ventaja de los niños es impresionante. Los adultos podemos reconocer los símbolos que llamamos numerales con gran facilidad, desde el 1 hasta el 1 000 000 o más allá sin apenas esfuerzo. Sin embargo no somos capaces de reconocer un número real de objetos con un grado de fiabilidad aceptable por encima de unos diez.

Los niños pequeños pueden ver y casi instantáneamente identificar el número real de objetos, *así como* el numeral *si se les da la oportunidad de hacerlo tan pronto en su vida como sea posible y antes de que se les presenten los números.* Eso les da a los niños una ventaja espectacular sobre los adultos para aprender aritmética y también para *comprender* lo que ocurre cuando hacen operaciones.

Para alcanzar una comprensión total y definitiva le será útil tener en mente ese hecho engañosamente simple, pero de ninguna forma simplista, durante los siguientes capítulos. Nosotros hemos tenido en nuestras mentes ese problema durante largos años y le hemos dado vueltas y vueltas.

Ahí van algunos *hechos* más:

1. Los niños *quieren* aprender matemáticas.
2. Los niños *pueden* aprender matemáticas (y cuanto más pequeños sean, más fácil les resultará).
3. Los niños *deberían* aprender matemáticas (porque es una ventaja en la vida hacer cálculos matemáticos mejor y con más facilidad que la mayoría).

Hemos dedicado un breve capítulo a cada uno de estos hechos fundamentales.

Capítulo 3

Los niños pequeños *quieren* aprender matemáticas

Los niños y los genios tienen un órgano maestro en común: la curiosidad.
Dejemos que la infancia siga su curso y ya que partió de donde empiezan los
genios, tal vez encuentre lo mismo que encuentran ellos.

EDWARD G. BULWER-LYTTON

A UNQUE por impulso natural ningún niño quiere aprender matemáticas hasta que descubre que las matemáticas existen, todos los niños quieren absorber información sobre lo que les rodea. En las circunstancias adecuadas, las matemáticas son una de esas cosas.

Los elementos fundamentales del deseo de un niño de aprender matemáticas y de su asombrosa capacidad de aprender son:

1. El proceso de aprender empieza en el momento del nacimiento, o incluso antes.
2. Todos los bebés tienen unas ganas locas de aprender.
3. Los niños prefieren aprender a comer.
4. Los niños prefieren aprender a jugar.
5. Los niños creen que su trabajo es crecer.
6. Los niños quieren crecer ya, ahora mismo.
7. Todos los niños creen que aprender es una habilidad necesaria para la supervivencia.
8. Tienen razón al creerlo.
9. Los niños quieren aprender de *todo* y quieren hacerlo ya.
10. Las matemáticas son una de las cosas que merece la pena aprender.

Nunca en la historia de la humanidad ha habido un científico adulto que haya tenido la mitad de curiosidad que cualquier niño de una edad comprendida entre los cuatro meses y los cuatro años. Los adultos hemos confundido esta grandísima curiosidad sobre cualquier cosa con una falta de capacidad de concentración. Aunque hemos observado a nuestros niños con atención, no siempre hemos sabido comprender lo que significan sus acciones. De hecho, mucha gente utiliza a menudo dos palabras diferentes como si fueran iguales: las palabras son «aprendizaje» y «educación».

«Aprendizaje» normalmente se refiere al proceso que se sigue cuando alguien está adquiriendo conocimientos, mientras que «educación» es normalmente un proceso de aprendizaje guiado por un profesor o una escuela. Aunque todo el mundo conoce esta distinción, estos dos procesos se suelen identificar entre sí y se consideran uno solo. Por ello a veces sentimos que, como la educación formal empieza a los seis años, los procesos de aprendizaje más importantes también empiezan a esa edad.

Pero nada más lejos de la realidad.

La verdad es que un niño empieza a aprender en el momento del nacimiento o incluso antes. A la edad de seis años cuando empieza a ir al colegio ya ha absorbido una cantidad increíble de información, tal vez más de la que va a aprender el resto de su vida.

Antes de que un niño cumpla los seis años ha aprendido los hechos básicos más importantes sobre sí mismo y sobre su familia. También ha aprendido cosas sobre sus vecinos y la relación con ellos, su mundo y la interacción con él, y millones de cosas más. Más significativo aún es que ha aprendido al menos una lengua completa y en ocasiones más de una. Las posibilidades de que consiga llegar a dominar otra lengua después de los seis años son muy reducidas. Y todo esto antes de haber pisado un aula escolar.

El proceso de aprendizaje durante esos primeros años se produce a gran velocidad a menos que nosotros lo frustremos. Si lo apreciamos y lo fomentamos, el proceso tendrá lugar a una velocidad increíble.

Un niño pequeño tiene el deseo irrefrenable de aprender ardiendo en su interior. Y la única forma de ahogar ese deseo es destruyéndolo completamente.

Solamente podemos acercarnos a apagarlo aislando al niño. Algunas veces leemos esas terribles historias de un niño de trece años con problemas cerebrales encontrado en una buhardilla encadenado a la cama y se cree que lo encadenaron por esos problemas. Pero probablemente el caso es el opuesto; que haya desarrollado esos problemas *porque* ha estado encadenado a una cama. Para evaluar este hecho debemos ser conscientes de que solo unos padres psicóticos encadenarían a un niño; un padre encadena a un hijo a una cama *porque* el padre es un psicótico y el resultado es un niño con problemas cerebrales *porque* se le ha denegado prácticamente cualquier oportunidad de aprender.

Asimismo, podemos *reducir* el deseo de *aprender* de un niño limitando las experiencias a las que lo exponemos. Por desgracia, hemos hecho esto casi universalmente subestimando de forma drástica lo que un niño puede aprender.

Pero igualmente podemos *aumentar* su capacidad de aprendizaje notablemente por el simple hecho de quitarle muchas de las restricciones físicas que le hemos impuesto. Y es posible *multiplicar* exponencialmente el conocimiento que absorbe si sabemos apreciar su extraordinaria capacidad de aprendizaje y le damos oportunidades ilimitadas a la vez que le animamos a aprender.

A lo largo de la historia ha habido casos aislados, aunque numerosos, de gente que ha conseguido enseñarles a sus hijos las cosas más extraordinarias, entre las que se incluyen matemáticas, idiomas extranjeros, la lectura, gimnasia y miles de cosas más, solo apreciando y fomentando la capacidad de aprendizaje de los niños. En *todos* los casos que hemos encontrado, el resultado en los niños de esas oportunidades planificadas con antelación en casa es un aprendizaje que va desde lo excelente a lo asombroso y que produce niños felices, bien adaptados y con una inteligencia excepcionalmente alta.

Es muy importante especificar que *no* se determinó que estos niños tuvieran una inteligencia alta antes y luego se les dio una cantidad inusual de oportunidades de aprender, sino que se trata de niños normales cuyos padres decidieron exponerlos a la mayor cantidad de información posible a una edad temprana.

Una vez que un padre o una madre se dan cuenta de que los niños pequeños tienen un gran deseo de aprender y una capacidad extraordinaria para hacerlo, entonces el respeto se une al amor y surge la pregunta: ¿cómo han podido no darse cuenta antes?

Observe atentamente a un niño de dieciocho meses para ver lo que hace.

En primer lugar, hace que todo el mundo se distraiga. ¿Por qué lo hace? Porque no puede dejar de ser curioso. No podemos acallar, disciplinar o confinar su deseo de aprender por mucho que lo intentemos (y bien que lo intentamos). El niño prefiere aprender a comer o jugar. Quiere aprender cosas sobre la lámpara, la taza de café, el enchufe eléctrico, el periódico y todo lo demás que hay en la habitación. Lo que significa que tira la lámpara, derrama el café, mete el dedo en el enchufe y hace trizas el periódico. Está aprendiendo constantemente y, como era de esperar, nosotros no podemos soportarlo.

Por la forma en que actúa, nosotros concluimos que es hiperactivo e incapaz de prestar atención, cuando la verdad es que le está prestando atención a todo. Está alerta en todas las dimensiones posibles, aprendiendo cosas sobre el mundo. Ve, oye, siente, huele y saborea. No hay forma de aprender que no pase por estas cinco vías en dirección al cerebro y el niño elije utilizarlas todas: ve la lámpara y por eso tira de ella para poder tocarla, oírla, mirarla de cerca, olerla y probarla. Si se le da la oportunidad hará todas esas cosas con la lámpara (y con todos los demás objetos de la habitación). No pedirá que le saquemos de la habitación hasta que haya absorbido todo lo que pueda sobre todos y cada uno de los objetos de la habitación a través de todos los sentidos de los que dispone. Está haciendo todo lo que está en su mano por aprender y nosotros todo lo que está en las nuestras para detenerlo, porque su proceso de aprendizaje es demasiado costoso.

Como padres hemos desarrollado varios métodos para soportar la curiosidad de los niños pequeños. Desgraciadamente, casi todos ellos funcionan a expensas del aprendizaje del niño. El niño es consciente de que el aprendizaje es una habilidad de supervivencia de los seres humanos, algo que nosotros no apreciamos y por ello hemos desarrollado varios métodos que inconscientemente evitan el aprendizaje.

El primer método es el de la escuela de pensamiento «darle algo al niño con lo que pueda jugar pero que no pueda romper». Eso suele significar darle un bonito sonajero rosa para que juegue con él. O un juguete algo más complicado que un sonajero, pero un juguete al fin y al cabo. Cuando se le da un objeto como ese, el niño se fija en él rápidamente (por eso los juguetes tienen colores brillantes), lo golpea para ver si hace ruido (por eso suenan los sonajeros), lo toca (por eso los juguetes no tienen bordes afilados) y lo prueba para saborearlo (todavía no se nos ha ocurrido cómo deberían oler los juguetes, por eso no huelen a nada). Todo ese proceso le llevará unos noventa segundos.

Ahora que sabe todo lo que quería saber sobre el juguete por ahora, el niño lo deja y centra su atención en la caja en la que venía. Para el niño la caja es tan interesante como el juguete (por eso siempre deberíamos comprar juguetes que vinieran en cajas) y se dedica a aprender todo lo que puede sobre la caja. De hecho, normalmente el niño le prestará más atención a la caja que al juguete en sí, porque, como puede romper la caja, así puede aprender cómo está hecha. Esa es una ventaja que no le proporciona el juguete, porque hacemos los juguetes irrompibles y eso limita su capacidad de aprender. Eso le llevará otros noventa segundos.

La verdad es que el niño no ve el juguete como un juguete desde el primer momento. Para él, tanto el sonajero como el juguete son simplemente nuevos materiales de los que puede aprender algo.

La dura y triste verdad es que todos los juguetes los han inventado los adultos para que los niños se entretengan y nos dejen en paz. Los bebés nunca inventan juguetes; inventan herramientas. Si le damos a un niño un trozo de madera, inmediatamente se convertirá en un martillo y se pondrá a golpear con él la mesa de cerezo de papá. Si le damos una concha de almeja, esta instantáneamente se convertirá en un plato.

Observando a un niño, veremos docenas de ejemplos como estos. Pero, a pesar de todas las pruebas que nos muestran nuestros propios ojos, nosotros normalmente llegamos a la conclusión de que cuando un niño distrae su atención muy a menudo es que no es muy listo. Esta deducción implica engañosamente que ese niño (igual que todos los demás niños) no es muy inteligente porque todavía es pequeño. Deberíamos preguntarnos cuáles serían las conclusiones que sacaríamos si nuestro niño de dos años se sentara en un rincón y jugara con un sonajero durante cinco horas. Probablemente los padres de un niño así se preocuparían aún más (y con razón).

El segundo método generalizado de soportar los intentos de aprender del niño es el perteneciente a la escuela de pensamiento «metámosle en un corralito de juegos».

Lo único adecuado que hay en un corralito es su nombre: se trata de un verdadero corral. Deberíamos ser sinceros con nosotros mismos en lo que respecta a esos artilugios y dejar de decir: «Vamos a comprar un corralito para que juegue el niño». Seamos sinceros y reconozcamos que lo compramos para nosotros.

Muy pocos padres son conscientes del verdadero coste que tiene un corralito para el bebé. El corralito no solo restringe la capacidad del niño de aprender sobre el mundo, algo bastante obvio, sino que reduce seriamente su crecimiento neurológico porque limita su capacidad para arrastrarse y gatear (procesos vitales para el crecimiento normal). Eso a su vez inhibe el desarrollo de la visión, la competencia manual, la coordinación mano-ojo y muchas cosas más.

Nosotros, los padres, nos hemos persuadido de que estamos comprando un corralito para proteger al niño y que no se haga daño al morder un cable eléctrico o al caerse por las escaleras. De hecho, lo estamos «confinando» para que *nosotros* no tengamos que preocuparnos de su seguridad. Pero con esa actitud nos estamos preocupando por los detalles y olvidando de las cosas verdaderamente importantes.

El corralito es un accesorio que evita el aprendizaje y por desgracia para eso es mucho más efectivo que un sonajero, porque después de que el niño ha pasado noventa segundos aprendiendo sobre cada uno de los juguetes que su madre le ha metido en corralito (momento en el que los arroja fuera, porque ya ha aprendido todo lo que podía sobre ellos) está encerrado y estancado. Confinándole físicamente hemos tenido éxito a la hora de evitar que rompa cosas (una forma de aprendizaje). Este tipo de acciones, que colocan al niño en un vacío físico, emocional y educativo, no fracasarán siempre y cuando nosotros seamos capaces de soportar sus desesperados gritos para que lo saquemos de ahí (asumiendo que podamos aguantarlos más de un minuto) hasta que crezca lo suficiente para escaparse y recuperar su ansia por aprender.

¿Significa todo esto que acabamos de decir que nosotros estamos a favor de que el niño rompa las lámparas? En absoluto. Solo decimos que hasta el momento todos hemos tenido muy poco respeto por el deseo de aprender de los niños, a pesar de los claros indicios que nos dan de que *desean desesperadamente aprender todo lo que puedan y lo más rápido posible.* Hemos conseguido mantener a nuestros niños cuidadosamente aislados en cuanto al aprendizaje en un periodo de su vida en el que el deseo de aprender está en su punto máximo.

Entre el nacimiento y los cuatro años la capacidad de absorber información no tiene parangón y el deseo de hacerlo es más fuerte de lo que será en ningún otro momento de la vida. Pero durante este periodo nosotros nos preocupamos de mantener a los niños limpios, bien alimentados y a salvo del mundo que hay a su alrededor, en un vacío de aprendizaje. Es irónico que cuando el niño sea mayor no dejaremos de repetirle que está perdiendo una oportunidad valiosa por no querer aprender astronomía, física o biología. Aprender, le diremos, es lo más importante de la vida. Y por supuesto que lo es.

Además, hemos pasado por alto otro aspecto.

Aprender es el mejor juego que hay en la vida y el más divertido. Todos los niños han nacido creyendo esto y seguirán creyéndolo hasta que los convenzamos de que aprender es desagradable y duro. Algunos niños nunca memorizan esa lección y siguen toda su vida creyendo que aprender es divertido y que es el único juego que merece la pena jugar. A ellos los llamamos genios.

Hemos asumido que a los niños no les gusta aprender esencialmente porque a la mayoría de los niños no les gusta el colegio (y algunos incluso lo odian). De nuevo identificamos la educación con el aprendizaje. No todos los niños que están en el colegio están aprendiendo; tampoco todos los niños que están aprendiendo lo hacen en el colegio.

Mi propia experiencia en primer curso puede servir de paradigma de que ha sido así durante siglos. En general, el profesor nos dice que nos sentemos, nos callemos, lo miremos y lo escuchemos mientras empieza un proceso que llama «enseñar» y que nos dice que será difícil para ambas partes, pero que al final aprenderemos (o algo así).

En lo que a mí respecta, la profecía de mi maestra de primer curso se demostró correcta; el proceso fue difícil, y, al menos durante los primeros doce años, lo odié profundamente. Y estoy seguro de que no era el único.

En mi caso (y sospecho que en el de los demás habrá ocurrido algo muy similar) el problema era que la maestra podía hacer que me sentara, que me callara y que la mirara, pero no podía hacerme escuchar ni pensar lo que ella quería que pensara.

Durante todo el curso (que para mí fue eterno) me encontré viajando por océanos más profundos que los de Cousteau, alcanzando la cima del monte Everest antes de que Sir Edmund Hillary escalara sus laderas y visitando el lado oscuro de la luna treinta y cinco años antes de que naciera la NASA. Si no hubiera sido por esos viajes mentales aquel año (o siglo) que pasé en primer curso, me habría resultado de un aburrimiento abrumador, interrumpido a veces por momentos de puro pánico cuando, durante alguna de esas exploraciones, oía lejanamente a mi maestra llamándome por mi nombre. Y el miedo normalmente no era porque no supiera la respuesta, era porque no tenía ni idea de lo que me acababa de preguntar.

Debo aclarar que me atrevo a airear mis experiencias personales en el colegio aquí solo porque creo que lo que me pasó a mí era la regla más que la excepción.

Estas cosas me ocurrían sobre todo en aritmética. En primero nos obligaban a memorizar las tablas de multiplicar (dos por dos, cuatro, etc.). Como era un niño, eso me parecía mortalmente aburrido, aunque muy fácil. Si hubiera tenido *dos* años habría sido interesante y aún más fácil.

En segundo curso pareció brevemente que las cosas en aritmética iban a mejorar. Me dio ciertas esperanzas el primer día que hicimos multiplicaciones de verdad.

—Vamos a multiplicar 23 por 17 —nos dijo mi maestra—. Lo escribimos de esta forma —prosiguió y escribió en la pizarra:

$$23$$
$$\times 17$$
$$\overline{}$$

Al fin había conseguido interesarme.

—Primero —siguió explicando— multiplicamos 7 por 3. ¿Cuánto es eso, Bobby?

—21 —respondió Bobby, que ya lo había memorizado.

—Bien —le felicitó la maestra—. Ahora dejamos el 1 y nos llevamos 2. —Y hacía exactamente lo que había dicho.

—¿Por qué hacemos eso? —le pregunté con gran interés.

—¿El qué? —preguntó a su vez ella, claramente molesta.

—¿Por qué dejamos el 1 y nos llevamos el 2?

—Porque es lo que *hay* que hacer —me respondió—. Como parece que *todo* el mundo lo entiende, sigamos adelante. Ahora multiplicamos el 7 por el 2. ¿Cuánto es eso, Eleanor? —siguió preguntando la maestra.

—14 —fue la respuesta de Eleanor.

La maestra sonrió. No todos en su clase eran tan tontos como algunos niños...

—Bien. Y ahora le sumamos el 2 que nos hemos llevado antes. Eso hace 16, que ponemos aquí.

—¿Y por qué hacemos eso? —insistí.

Se volvió hacia donde yo estaba lentamente, dejando que toda la clase viera la paciencia infinita que estaba teniendo y cuántos esfuerzos estaba haciendo conmigo.

—¿Qué es lo que quieres saber esta vez, Glenn?

—Porque le sumamos el 2 que nos hemos llevado antes al 14 para hacer 16 —le contesté.

—Porque es lo que hay que hacer —dijo tajante.

Había avivado mi curiosidad y eso había encendido el fuego. Ahora el fuego estaba fuera de control.

—¿Por qué —perseveré— no le *restamos* los dos que nos hemos llevado? ¿O por qué no los escribimos al *otro* lado del 1?

—Porque yo soy mayor que tú —replicó mi maestra.

Fue la respuesta más clara que alguien me dio en todos mis años en el colegio.

Aunque la conversación que he descrito con tanto detalle nunca llegó a producirse, se *habría* producido si yo no hubiera sabido en todo momento que ella era mayor que yo. A mí no se me daba muy bien la aritmética, pero no era tan tonto como para no darme cuenta del hecho de que mi maestra tenía una edad mayor que la mía.

Ella creía realmente que la razón era esa: que dejamos el 1 y nos llevamos el 2 porque eso es lo que hay que hacer y para ella eso era suficiente. Estoy seguro de que ella creía eso porque medio siglo antes su maestra le había dicho a ella que las cosas se hacían así porque eso era lo que había que hacer. Y mi maestra también sabía en aquel momento que su maestra de entonces era mayor que ella.

Que eso fuera lo que había que hacer nunca me pareció a mí una razón muy lógica ni muy persuasiva. Y aún hoy sigue sin parecérmelo. Supongo que por eso siempre les he tenido cierto recelo a las matemáticas. Siempre me resultan sospechosas las cosas que son así porque alguien, sobre todo alguien mayor que yo, me *dice* que son así. Probablemente porque muchas de esas cosas han resultado no ser *así*.

Aprender es divertido tanto si los profesores lo creen como si no, y todos los niños lo saben.

En resumen, los bebés quieren aprenderlo todo, quieren aprenderlo ahora y, como no tienen prejuicios, quieren aprenderlo todo con una clara imparcialidad.

Parte de ese todo son las matemáticas y es muy importante que las aprendan.

Por raro que parezca, las matemáticas, algo que nos resulta tan difícil a los adultos, son mucho más fáciles de aprender para un niño de un año que ninguna otra cosa.

Capítulo 4

Los niños pequeños *pueden* aprender matemáticas

(y cuanto más pequeños sean, más fácil les resultará)

Siente la dignidad de un niño. No te consideres superior a él,
porque no lo eres.

ROBERT HENRI

PRÁCTICAMENTE a todo el mundo le encantan los niños, pero muy pocos adultos los respetan. Esto sucede porque creemos que somos superiores a los niños en todos los sentidos: somos más altos, pesamos más, somos más listos… Y mucho más arrogantes, deberíamos añadir.

Es cierto que somos más altos y más pesados que un niño, pero en lo que respecta a la inteligencia, no deberíamos lanzarnos a sacar conclusiones tan rápidamente.

TODOS LOS BEBÉS SON GENIOS LINGÜÍSTICOS

La capacidad lingüística es una función intrínseca del cerebro humano.

Reflexionemos sobre la capacidad absolutamente extraordinaria que tienen todos los bebés para aprender una lengua; es un milagro fascinante al que nunca le prestamos atención. Comprender y hablar un idioma es algo complejo y es un factor que distingue claramente a los seres humanos de otras criaturas de la tierra.

Hay 450 000 palabras en inglés y unas 100 000 en un vocabulario básico. Todas esas palabras pueden utilizarse en un número de combinaciones prácticamente infinito.

En la conversación normal nosotros codificamos un mensaje a la vez que lo decimos, tan rápido como podemos pronunciarlo. Tenemos un pensamiento, pero, al hablar, a menudo no sabemos cómo vamos a acabar la frase, el párrafo o la conversación. En resumen: codificamos un mensaje en palabras, frases y párrafos a la velocidad a la que hablamos. Pero este milagro no es el único. Nosotros hablamos y codificamos nuestros pensamientos en palabras y el receptor, a la vez y a la misma velocidad, descodifica de nuevo ese mismo mensaje de las palabras, las frases y los párrafos a pensamientos.

No sorprende que en ocasiones haya malentendidos entre nosotros; lo que resulta sorprendente es que nos entendamos la mayoría de las veces.

Solo el cerebro humano es capaz de conseguir esta hazaña increíble. Ningún ordenador ni ninguna red de ordenadores conectados entre sí pueden mantener una conversación humana, ni siquiera aproximarse.

Pero damos todo esto completamente por sentado. El lenguaje humano es tan complejo que solo una proporción muy pequeña de adultos consigue aprender en su vida una segunda lengua y un porcentaje muchísimo más pequeño logra aprenderla a niveles de perfección.

Pero TODOS LOS BEBÉS APRENDEN UN IDIOMA EXTRANJERO ANTES DE LOS DOS AÑOS.

El milagro del habla es una función intrínseca del cerebro humano.

Cualquier adulto que fuera lo suficientemente osado como para establecer una competición de aprendizaje de lengua con *cualquier* bebé promedio demostraría lo tonto que es y pronto aprendería que los adultos *no* son más listos que los bebés en lo que respecta al tremendamente complicado asunto de aprender un idioma extranjero.

Hay que tener en cuenta que todos los bebés aprenden una lengua extranjera antes de los dos años, la hablan con fluidez a la edad de cuatro y perfectamente (dentro de su entorno) a la edad de seis.

Y que para un bebé nacido hoy mismo en Filadelfia, Estados Unidos, el inglés es un idioma extraño y extranjero, tanto como el francés, el alemán, el suahili, el japonés o el portugués.

¿Y quién le enseña a ese bebé a realizar el milagro de aprender esa lengua extranjera que se llama inglés? En nuestra arrogancia adulta creemos que hemos sido nosotros. Pero, realmente, nosotros solo le enseñamos a decir «mamá», «papá» y unas pocas palabras más. Las otras decenas de miles que va a aprender se las enseñará a sí mismo simplemente escuchando hablar a los demás. Y lo hará utilizando su increíble corteza cerebral humana. Únicamente los seres humanos tienen esa corteza; solo los seres humanos hablan con un lenguaje artificial y simbólico, y ese lenguaje humano único es producto de la corteza humana única. El cerebro humano nos proporciona la capacidad del *lenguaje* y nosotros los humanos somos los que hemos inventado las *lenguas*, cientos de ellas.

Es igualmente cierto que si un niño nace en un hogar bilingüe, el niño hablará dos idiomas. Y si nace en uno trilingüe, hablará tres. Y todo ello sin más esfuerzo que el que necesita para aprender uno solo (lo que no es un verdadero esfuerzo para él).

Y aceptamos esta increíble hazaña con tanta facilidad que ni siquiera le dedicamos un momento de reflexión. A menos, claro está, que el niño no pueda hablar. Si por culpa de una lesión cerebral un niño no puede hablar, entonces sus padres son capaces de llevarle lejos, a miles de kilómetros, hasta los Institutos de Filadelfia. Eso es lo que hacen miles de padres con este problema. Entonces y solo entonces es cuando se hace obvia la magnitud del milagro.

Comparemos el rendimiento de un bebé promedio con un adulto, o incluso un adolescente, a la hora de aprender una lengua extranjera.

De nuevo mi propia experiencia puede servir como ejemplo típico. Cuando era pequeño quería aprender francés. Como en aquellos días todo el mundo creía, contra toda evidencia, que era más fácil aprender un idioma extranjero cuanto mayor se fuera, el resultado era que el francés no empezaba a enseñarse hasta el instituto. Yo estaba ansioso por aprender, pero a pesar de ello establecí una especie de récord en mi instituto: suspendí el francés cuatro años seguidos. Aunque mi récord no fue por suspender; muchos alumnos suspendían. Mi récord fue por obstinación: yo fui el único que siguió intentándolo durante cuatro años. *Nadie* en mi clase se acercó siquiera a aprender a hablar francés.

Todavía recuerdo a mi profesor, con los dedos sobre el puente de la nariz y los ojos cerrados, diciéndome:

—Señor Doman, esa frase es tan horrorosa como esta: «Yo visto él cuando él hecho eso».

Estoy seguro de que mi profesor de francés ya hace mucho tiempo que consiguió su recompensa por lo que pasó conmigo (que seguramente sea no tener que volver a enseñar francés a adolescentes). El señor Zimmerman puede descansar tranquilamente en su tumba porque yo ya no digo cosas como esa en francés. Ahora, cuarenta años y una docena de viajes a Francia después, sigo sin poder decir casi nada en francés, y no es porque no lo intente.

Simplemente es que, en mi adolescencia, ya era demasiado mayor para aprender. Pero cualquier niño estándar francés de seis años habla perfectamente su idioma dentro de su entorno; si los miembros de su familia dicen cosas como «Yo visto él cuando él hecho eso», él, claro está, también lo hará. Pero si su padre es el director del departamento de Filología Francesa de la Sorbona, entonces el niño hablará un francés clásico con una gramática perfecta aunque no haya visto a un profesor de francés ni haya oído la palabra «gramática» en su vida.

¿Qué significa todo esto y qué tiene que ver con la capacidad de un bebé para aprender matemáticas?

Tiene muchísimo que ver.

ES MÁS FÁCIL ENSEÑAR UN IDIOMA EXTRANJERO A UN NIÑO DE UN AÑO QUE A UN NIÑO DE SIETE

La capacidad lingüística es una función intrínseca del cerebro humano, como acabamos de ver.

ES MÁS FÁCIL ENSEÑAR A UN NIÑO DE UN AÑO A LEER UN IDIOMA QUE ENSEÑÁRSELO A UN NIÑO DE SIETE AÑOS

Esta también es una función intrínseca del cerebro humano. Decenas de miles de madres y padres han enseñado a niños de uno, dos y tres años a leer y a hacerlo bien, mientras que el 30% de los niños de todos los sistemas escolares no aprenden a leer o no consiguen hacerlo a un nivel óptimo para su curso. El sistema educativo de Filadelfia produce un número elevado de graduados en el instituto a los dieciocho años que, no son capaces de leer las etiquetas de los productos. Y esta situación terrible no se limita solamente a Filadelfia.

Todo esto sucede simplemente porque han empezado a enseñarles demasiado tarde.

ES MÁS FÁCIL ENSEÑAR MATEMÁTICAS A UN NIÑO DE UN AÑO QUE A UN NIÑO DE SIETE

La capacidad matemática es una función intrínseca del cerebro humano.

El inglés, el francés, el italiano y otras lenguas contienen decenas de miles de símbolos básicos, llamados palabras, que se combinan en infinitas e intrincadas relaciones en frases, oraciones y párrafos, conjunto que llamamos gramática. Todos los seres humanos sanos consiguen dominar este sistema cuando son bebés o niños pequeños.

Las matemáticas solo tienen diez símbolos básicos: 1, 2, 3, 4, 5, 6, 7, 8, 9 y 0.

La pregunta sorprendente no es por qué los bebés y los niños pequeños pueden realizar cálculos matemáticos más rápidamente y con mayor facilidad que los adultos, si no por qué adultos que se las arreglan bien con una lengua hablada no pueden hacer cálculos matemáticos con una facilidad y una rapidez mayores que las que tienen para hablar.

SE LE PUEDE ENSEÑAR A UN BEBÉ CUALQUIER COSA QUE SE LE PRESENTE DE UNA FORMA SINCERA Y OBJETIVA

Es una función intrínseca del cerebro humano. A los bebés se les pueden enseñar hechos a una velocidad supersónica, lo que en sí mismo es algo que supera la imaginación de los adultos. Y esto es especialmente cierto si los hechos se les presentan a los niños de una forma precisa, clara y no ambigua.

Las palabras, las notas musicales y los números son elementos especialmente precisos, claros y no ambiguos, tanto si están escritos como si solo los oímos. La palabra escrita «nariz» siempre significa «nariz» y su pronunciación significa exactamente lo mismo. La nota musical «do» central siempre significará lo mismo, indicará la misma nota y tendrá el sonido do. La palabra escrita «seis» siempre significará el número seis, igual que el sonido «seis».

Todo esto son hechos y los niños los aprenden en un abrir y cerrar de ojos. Y cuanto más pequeños sean, más rápido aprenden.

El problema es que los adultos dividimos la información en dos grupos: lo abstracto y lo concreto, como nosotros lo denominamos. Las cosas concretas son las que se entienden con facilidad y las abstractas las que nos cuesta un poco más entender.

Como adultos muchas veces insistimos en enseñar a los niños abstracciones, esas cosas que nosotros no entendemos bien, y dejamos que los niños aprendan los hechos precisos, claros y no ambiguos por sí solos. Es decir, insistimos en proporcionarles a los niños nuestras opiniones en vez de los hechos y proyectamos en ellos creencias propias que muchas veces se demuestra que estaban equivocadas. Más adelante analizaremos el gran error que supone esto.

El hecho de que los niños pequeños aprendan miles de palabras orales antes de los tres años y que miles de niños aprendan también a leerlas a esa edad demuestra que se puede enseñar a los niños cualquier cosa que se les presente de una forma sincera y objetiva. Ahí se incluye ese lenguaje tan objetivo y sencillo que llamamos matemáticas.

LA CAPACIDAD DE ASIMILAR HECHOS PUROS ES UNA FUNCIÓN INVERSA A LA EDAD

Es una función intrínseca del cerebro humano.

Cuesta erradicar los mitos, incluso ante una prueba abrumadora de la veracidad de lo contrario. Y ningún mito es más difícil de erradicar que la creencia de que se aprende con más facilidad cuanto mayor se es, cuando la verdad es exactamente lo contrario; cuanto mayores somos, más sabiduría adquirimos, pero cuanto más jóvenes, más fácil es asimilar y almacenar hechos.

A estas alturas ya debería ser obvio para el lector, como lo es para todos lo que conocen al personal de los Institutos, que tenemos un respeto que roza con la reverencia por la capacidad de aprender de todos los bebés y por la capacidad para enseñarles de sus padres, pero todavía no he visto a ningún niño de dos años lo suficientemente sabio para no caerse desde la ventana de un décimo piso o para no ahogarse accidentalmente si se le presenta la oportunidad. Los niños pequeños no tienen sabiduría, pero sí una capacidad increíble de asimilar datos puros en cantidades prodigiosas. Y cuanto más pequeños sean (incluso en los primeros meses de vida) más fácil les resultará.

ES MÁS FÁCIL ENSEÑARLE CUALQUIER CONJUNTO DE HECHOS A UN NIÑO DE UN AÑO DE LO QUE ES ENSEÑÁRSELO A UN NIÑO DE SIETE AÑOS

Es una función intrínseca del cerebro humano.

Cuando hablamos de un «conjunto de hechos», nos referimos a un grupo de hechos *relacionados*. Un grupo de fotos de presidentes de los Estados Unidos sería un «conjunto de hechos». Tarjetas con las banderas de diferentes naciones también constituirían un conjunto de hechos, o tarjetas cada una con un número diferente de objetos similares, etcétera. Presentarle a un niño hechos agrupados en conjuntos tiene enormes ventajas. Este detalle se trata en profundidad en el libro *Cómo multiplicar la inteligencia de su bebé*.

Que un niño de un año tiene más facilidad para aprender conjuntos de hechos que un niño de siete (y que un niño de siete años aprende más rápido que una persona de treinta) es algo que hemos demostrado cientos de veces en los Institutos. Los padres y las madres que enseñan esos conjuntos de hechos a sus hijos en casa se dan cuenta de que los niños los aprenden (y los retienen durante más tiempo) en orden inverso a la edad, y que la madre o el padre son los que los aprenden con más lentitud de todo el grupo familiar (y los que los olvidan con mayor rapidez). Nosotros hemos comprobado eso mismo con el propio personal de los Institutos, para su alegría y disgusto al mismo tiempo.

De todos los conjuntos de hechos que se le pueden presentar a un niño, las matemáticas constituyen el conjunto que demuestra esta tesis de forma más clara.

SI A UN NIÑO PEQUEÑO SE LE ENSEÑA LOS HECHOS, ÉL SOLO INTUIRÁ LAS REGLAS

Es una función intrínseca del cerebro humano.

De todas las cosas que incluye este libro que pueden resultar chocantes, es posible que esta sea la más importante. Para decirlo de una forma ligeramente diferente: si se le enseñan a un niño los *hechos* de un cuerpo de conocimientos, el niño descubrirá las leyes según las que opera ese cuerpo. Un precioso ejemplo de esto se da en los errores que los niños cometen con el lenguaje cuando son pequeños. Esta paradoja aparente fue señalada por el brillante autor ruso Korneï Chukovskiï, en su libro *From Two to Five* (editorial University of California Press).

Un niño de tres años mira por una ventana y dice:

—Ahí viene el panero.

—¿Quién? —le preguntamos nosotros.

—El panero.

Miramos por la ventana y vemos al panadero. Nos reímos del error infantil y le decimos al niño que no se dice «panero» sino «panadero». Y nos olvidamos del asunto.

Pero supongamos que en vez de olvidarlo inmediatamente, nos preguntamos: ¿de dónde habrá sacado el niño la palabra «panero»? Seguro que no es una palabra que le haya enseñado ningún adulto. ¿De dónde la habrá sacado? Yo lo he pensado durante unos quince años y estoy convencido de que solo hay una posibilidad. El niño de tres años ha debido de revisar todo el idioma y llegar a la conclusión de que hay ciertos sustantivos (una palabra que seguramente no haya oído nunca) como jardín, zapato, leche, granja o camión, que, cuando llevan «-ero» al final, se refieren a profesiones. Deducir eso es un logro tremendo. ¿Cuándo fue la última vez que usted, lector, revisó todo un idioma para descubrir una regla? ¿Probablemente cuando tenía tres años? Pero aun así le decimos al niño que es un error, que no es panero, sino panadero, y que se ha equivocado; palabra equivocada, sí, pero regla correcta. El niño tenía razón con la regla gramatical que ha descubierto. El problema es que el idioma es irregular y por ello constituye a veces un problema. Pero si fuera regular, el niño de tres años tendría razón.

Los niños pequeños tienen una enorme capacidad para descubrir las leyes si nosotros les enseñamos los hechos. Pero no es posible que descubran los hechos (las cosas concretas) si solo les enseñamos las reglas (abstracciones).

Veamos esta situación aplicada a las matemáticas.

SI SE LE ENSEÑAN A UN NIÑO PEQUEÑO LOS HECHOS QUE TIENEN QUE VER CON LAS MATEMÁTICAS, ÉL DESCUBRIRÁ LAS REGLAS

Esta *no* es una función intrínseca del cerebro humano, porque los seres humanos hemos inventado las matemáticas y en cierta medida las hemos enseñado de forma imperfecta. No todos los seres humanos usan las matemáticas, pero *sí* que todos los seres humanos usamos la lengua. Nosotros hemos vivido en diferentes tribus, por ejemplo los Xingu de Brasil, que nunca cuentan. Hay algunas que solo cuentan hasta cinco.

Si se le enseña a un niño los hechos de las matemáticas (y los hechos en los que se basan las matemáticas son los números: uno, dos, tres, cuatro, cinco, seis... no los símbolos numéricos: 1, 2, 3, 4, 5, 6 o I, II, III, IV, V, VI...), él descubrirá las reglas que nosotros llamamos suma, resta, multiplicación, división, álgebra, etc. Veremos en detalle cómo hacer esto en el capítulo «Cómo enseñar matemáticas a su bebé».

NOTA: En las siguientes páginas la palabra «número» se referirá a la cantidad real o el valor verdadero mientras que la palabra «numeral» hará referencia al símbolo que utilizamos para representar esa cantidad real.

Nosotros los seres humanos estamos tan interesados en teorías y razones que tendemos a oscurecer con ellas la realidad. Algunas partes de este libro resultarán un buen ejemplo de mi propia necesidad de comprender las razones y explicarlas.

En los Institutos, para evitar que nuestros alumnos y nosotros mismos perdamos de vista la realidad, utilizamos una expresión que se corresponde con las siguientes iniciales: L S P L H. Todos los alumnos tienen que escribir esta regla el primer día de clase.

El siguiente diálogo se produce muy a menudo entre el personal, los padres y los profesionales y los alumnos.

ALUMNO: ¿Pero cómo *sabe* que se puede enseñar matemáticas (a leer, a hablar japonés, a tocar el violín...) a los bebés?

INSTRUCTOR: ¿Cómo *supieron* los hermanos Wright que podían volar?

ALUMNO: Bueno, al final supongo que porque lo hicieron.

INSTRUCTOR: Pues así es como lo sabemos nosotros.

L S P L H significa: Lo Sabemos Porque Lo Hacemos.

Los bebés *están* haciendo cálculos matemáticos mejor y con más facilidad que los adultos. Cientos de bebés están ahora mismo dominando las matemáticas con una verdadera comprensión de lo que está ocurriendo y solo un mínimo porcentaje de adultos comprenden realmente lo que pasa en las matemáticas.

CAPÍTULO 5

Los niños pequeños *deberían* aprender matemáticas
(Porque manejar las matemáticas bien y con facilidad será una ventaja en sus vidas)

Las matemáticas poseen no solo verdad, sino cierta belleza suprema.

BERTRAND RUSSELL

HAY dos razones de una importancia vital por las que los niños deberían aprender matemáticas. La primera razón es la más obvia aunque la menos importante: las matemáticas son una de las funciones superiores del cerebro humano. De todas las criaturas de la tierra, solo los humanos pueden hacer cálculos matemáticos.

Las matemáticas son una de las funciones más importantes de la vida, porque resultan esenciales para la vida humana civilizada a diario. Desde la infancia hasta la vejez estamos rodeados de matemáticas. Los niños en la escuela se enfrentan a problemas matemáticos todos los días, igual que las amas de casa, los carpinteros, los empresarios y los científicos espaciales.

La segunda razón es más importante. Los niños deberían aprender matemáticas cuanto más pequeños mejor por el efecto que eso tendrá en el crecimiento físico de su cerebro y el producto de ese crecimiento físico, eso que llamamos inteligencia.

Hemos pasado muchas décadas investigando para comprender cómo crece el cerebro humano. Hay cinco puntos de vital importancia que tienen que ver con la forma en que crece el cerebro.

LA FUNCIÓN DETERMINA LA ESTRUCTURA

Esta es una ley antigua y muy conocida en arquitectura, ingeniería, medicina y crecimiento humano. En términos humanos esta ley significa que yo soy lo que soy debido a lo que hago.

Los leñadores tienen el cuerpo duro y musculoso porque se pasan el día cortando árboles. Las personas que llevan vidas que no les permiten hacer ejercicio físico están fofas y no tienen músculos. Es obvio que los bíceps crecen con el uso. Los levantadores de peso son un clarísimo ejemplo de esto. Si levanto todos los días un peso de diez kilos, mi bíceps crecerá. Si usted levanta veinte kilos a diario, su bíceps crecerá más que el mío. Entonces, usted tendrá dos ventajas sobre mí: podrá levantar el doble que yo y si ambos tenemos que levantar diez kilos más, yo tendré que doblar mi capacidad, pero usted solo tendrá que aumentar la suya un 50%. En lo que respecta a los músculos esto es bien sabido y comprendido por todos. Pero no es tan sabido que esto también se aplica al cerebro.

EL CEREBRO, COMO LOS BÍCEPS, CRECE CON EL USO

Toda la mitad posterior del cerebro está compuesta por vías sensoriales de entrada. Todas estas vías se reparten entre los cinco sentidos. Todo lo que Albert Einstein o Leonardo da Vinci aprendieron en su vida, todo lo que usted o su bebé han aprendido en su vida ha entrado en su cerebro a través de esas cinco vías, a través de los que oímos, sentimos, vemos, saboreamos u olemos.

Estas cinco vías también crecen con el uso, o, lo que es lo mismo: cuantos más mensajes entren por las vías visual, auditiva, táctil, gustativa u olfativa, más crecerán esas vías y con mayor facilidad operarán. Si pasan pocos mensajes por ellas, crecerán con más lentitud y operaran con una eficiencia menor. Si por ellas no entra prácticamente ningún mensaje, no habrá tampoco crecimiento. Como ejemplo ya he mencionado el caso del niño de trece años con problemas cerebrales que encontraron encadenado a su cama en una buhardilla y que tiene esos problemas cerebrales *porque* se le ha encadenado a esa cama.

Los bebés nacen con todas estas vías (que debemos recordar que constituyen la mitad del cerebro) intactas pero inmaduras. Son precisamente los impulsos de la luz, los sonidos, las sensaciones, los olores y los sabores que pasan por estas vías los que provocan que crezcan, maduren y se vuelvan más eficientes. Por eso los niños deben leer, hacer cálculos matemáticos, aprender una docena de idiomas, conocer el arte, hacer ejercicio y poner en práctica tantas las habilidades sensoriales como sea posible a la edad más temprana posible. Leer, por ejemplo, hace crecer las vías visuales. Escuchar buena música hace crecer las vías auditivas. También los padres deben hablar sin parar a sus hijos para hacer crecer estas vías.

Lo que nos lleva a la cuestión del *contenido*. El contenido del mensaje es de suma importancia. Un lenguaje correcto entra en el cerebro del bebé con la misma facilidad que la típica media lengua que hablamos con los niños; Beethoven entra con la misma facilidad que las canciones infantiles; el arte de los grandes maestros entra con la misma facilidad que los dibujos animados para niños... Las posibilidades son infinitas.

El concepto de «preparación para la lectura» (y todas las demás «preparaciones») es una total estupidez. Decir que un niño está preparado para leer a los cinco o seis años no es solo una tontería, sino que es incluso peligroso para el niño. La preparación en los niños se *crea*, y si no se crea a propósito o por accidente (como en la mayoría de los casos), el niño no estará nunca «preparado». Volvemos al ejemplo del niño encadenado a la cama.

Los neurofisiólogos saben que el cerebro crece con el uso desde hace más de medio siglo. Hay cientos de experimentos con animales que prueban esto más allá de toda duda. Destacan entre los grandes científicos de este campo genios como el ruso Boris Klosovskii y el americano David Krech.

Durante muchos años Krech y su equipo en Berkeley separaron a ratas recién nacidas en dos grupos idénticos. Un grupo se crió en un ambiente de privación sensorial con poco que ver, sentir, oír, oler o saborear. El otro creció en un entorno rico en estimulación sensorial, con muchas cosas que ver, oír, sentir, saborear y oler. Después probaban la inteligencia de las ratas en situaciones de la vida cotidiana y finalmente las sacrificaban y medían, pesaban y examinaban sus cerebros con el microscopio. Krech concluyó que las ratas criadas en un entorno de privación sensorial tenían cerebros pequeños, infradesarrollados y estúpidos, mientras que las ratas que habían crecido en un ambiente rico en estimulación sensorial tenían cerebros grandes, altamente desarrollados y con un grado alto de inteligencia. Hay miles de experimentos similares con las mismas conclusiones.

La parte delantera del cerebro está compuesta por las vías motoras, mediante las que respondemos a la información entrante. Estas también crecen con el uso. Por eso el concepto de que la «preparación» física es una función que va pareja con la edad también es una estupidez. Los niños pequeños pueden y deberían nadar, hacer ejercicios olímpicos de gimnasia, bailar y realizar cualquier otra actividad física con uno o dos años de edad. Deberían porque pueden y porque tanto el cuerpo como el cerebro crecen con el uso de la parte física del cuerpo. Y también lo hace la inteligencia.

EL CEREBRO ES EL ÚNICO CONTENEDOR QUE TIENE ESTA CARACTERÍSTICA: CUANTO MÁS SE META EN ÉL, MÁS SERÁ CAPAZ DE ALBERGAR EN SU INTERIOR

Acabamos de ver que el cerebro crece con el uso y que cuanto más se use, mejor funcionará. Pero ¿hay algún límite para el crecimiento del cerebro?

A efectos prácticos la respuesta a esta pregunta parece ser que el cerebro humano más avanzado tiene más de diez mil millones de neuronas con capacidad plena de funcionamiento. *Cada una* de estas neuronas tiene cientos o incluso miles de interconexiones con otras neuronas. El número de combinaciones y permutaciones que esto posibilita supera la mente de cualquier persona, excepto la de algunos matemáticos teóricos. Pero para propósitos humanos podemos decir sin problemas que las posibilidades son prácticamente infinitas.

También podemos decir que el cerebro puede albergar más de lo que podemos introducir en él en varias vidas. Pero cuanto más metamos en él, mejor funcionará.

Las matemáticas son una de esas cosas útiles que se pueden introducir en el cerebro de un niño.

SI SE MEJORA UNA FUNCIÓN DEL CEREBRO, SE MEJORAN HASTA CIERTO PUNTO TODAS LAS FUNCIONES

Hay seis funciones en el cerebro que son únicas del género humano. Cada una de ellas es una función única de la corteza cerebral humana. Las tres primeras funciones son de naturaleza motora:

1. MOVILIDAD: Solo los seres humanos pueden caminar erguidos sobre dos piernas y en un perfecto patrón cruzado balanceando los brazos y las piernas opuestos al unísono.
2. LENGUAJE: Solo los humanos hablan con un lenguaje artificial y simbólico que expresa ideas y sentimientos.
3. COMPETENCIA MANUAL: Solo los seres humanos pueden oponer el pulgar y el índice y escribir ese lenguaje simbólico que hemos inventado.

Estas tres capacidades motoras únicas se basan en tres capacidades sensoriales únicas:

1. VISIÓN: Solo los humanos pueden ver de una forma que les permite leer el lenguaje simbólico escrito que ellos mismos han inventado.

2. AUDICIÓN: Solo los seres humanos pueden oír de una forma que les permite comprender el lenguaje hablado que ellos mismos han inventado.

3. TACTO: Solo los seres humanos pueden palpar un objeto complejo e identificarlo solo mediante el tacto.

Estas funciones cerebrales están interconectadas; es como si fueran balas de cañón unidas entre sí por una cadena de hierro. Nadie podría levantar una muy alto sin arrastrar a las otras en mayor o menor medida. Para el niño que sabe leer porque conoce el lenguaje de las palabras aprender el lenguaje de las matemáticas será más fácil.

También esto es cierto a la inversa. No es posible lastrar una de estas funciones sin hundir las demás hasta cierto punto. Los niños ciegos no corren tan bien como los niños que ven bien.

LA INTELIGENCIA ES RESULTADO DEL PENSAMIENTO

El mundo siempre ha visto esto justo al revés; siempre hemos creído que el pensamiento era un resultado de la inteligencia. Seguramente es cierto que sin inteligencia no habría pensamiento, pero ¿qué fue primero: el huevo o la gallina?

Los humanos nacemos con el glorioso don de los genes del *Homo Sapiens*. Son los genes de Leonardo, Shakespeare, Einstein, Mozart, Pauling, Russell, Dart, Jefferson y muchos más. Pero el cerebro humano no se convierte en un don hasta que lo utilizamos. Nacemos *potencialmente* con el cerebro de todos los grandes (y también el de toda la escoria); la inteligencia es el resultado de lo que hagamos con él. La inteligencia es resultado del pensamiento.

Las matemáticas son una forma importante de introducir enormes cantidades de información en el cerebro y de activar el pensamiento.

Capítulo 6

Cómo es posible que los niños hagan cálculos matemáticos instantáneamente

L a pregunta no es cómo es posible que los niños hagan cálculos matemáticos instantáneamente, sino más bien cómo es posible que adultos que pueden hablar una lengua *no* puedan hacer cálculos matemáticos instantáneamente.

El problema es que en matemáticas hemos mezclado el símbolo 5 con el hecho:

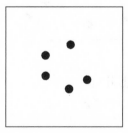

Si el problema está entre 5 o

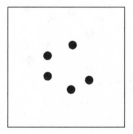

el problema no es grave, porque un adulto puede percibir perfectamente el símbolo o el hecho desde uno

hasta alrededor de 12

con cierto grado de fiabilidad.
    Desde 12

hasta alrededor de 20

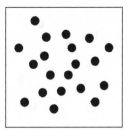

la fiabilidad tiende a descender en picado, incluso la del adulto más perceptivo.

De 20

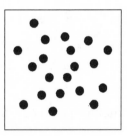

en adelante ya es cuestión de adivinar y casi invariablemente adivinar con muy malos resultados.

Los niños que ya conocen los símbolos, por ejemplos 5, 7, 10, 13, pero que no conocen los hechos

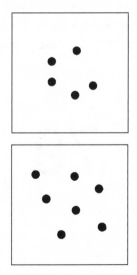

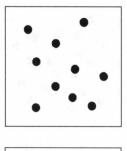

también son completamente incapaces de hacer cálculos matemáticos instantáneos.

Los niños ven las cosas como *son*, de una forma precisa, mientras que los adultos tienden a ver las cosas como creen que son o como creen que deberían ser.

Me vuelve loco que, aunque comprendo cómo los niños de dos años hacen cálculos matemáticos instantáneamente, yo no soy capaz de hacer lo mismo. La razón por la que no puedo hacerlo es que si alguien me dice «setenta y nueve», lo único que yo veo es:

Pero no soy capaz de ver:

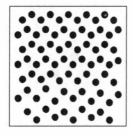

No es exacto decir que no puedo «ver» esto. Puedo «verlo», pero no puedo «percibirlo». Mientras que los niños sí pueden.

Para que un niño perciba la verdad de uno (1), que es:

solamente tenemos que enseñarle el hecho:

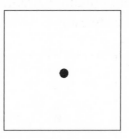

y decirle: «Esto se llama uno».

Después le presentamos el hecho

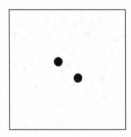

y le decimos: «Esto es dos».

Seguidamente le decimos: «Esto es tres» mientras le enseñamos al niño

y así sucesivamente.

Solo necesitaremos presentarle cada uno de estos hechos unas pocas veces hasta que el niño sea capaz de percibirlos y retenerlos todos.

Pero la mente adulta, cuando se enfrenta al hecho, tiende al desconcierto. Por eso muchos adultos preferirán creer que un niño que es capaz de reconocer tanto esto:

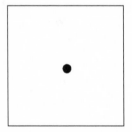

como esto:

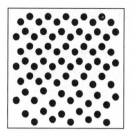

tiene algún tipo de poder paranormal antes que creer que un niño de dos años puede realizar una tarea que los adultos no podemos realizar y que consideramos que es de naturaleza intelectual.

También nos autoengañamos creyendo que el niño no está realmente reconociendo el número, sino el patrón en el que se le muestra el número. Cualquier niño de un año que no se haya visto expuesto a reconocer símbolos antes de reconocer hechos, podrá decir con un solo vistazo rápido que:

pongamos los hechos en el patrón que elijamos ponerlos, siempre será lo que nosotros llamamos 27. Perdón, le hemos engañado: ¡en realidad hay 40, no 27! Algo que los adultos solo somos capaces de ver si se nos presenta el símbolo «40».

Pero a los niños no podemos engañarlos cambiando la forma en que colocamos los hechos. Ellos solo verán la verdad, mientras que los adultos tendrán que contar si se les presenta un patrón irregular o multiplicar si se les presentan columnas ordenadas. Por eso si presentamos el hecho de esta forma:

● ●

nosotros resolveremos el problema contando, mientras que el niño sabrá cuántos hay con un solo vistazo.

Si presentamos el hecho en forma de columnas:

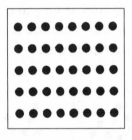

los adultos tenderemos a contar el número de puntos que hay en cada fila horizontal, 8, y después contar el número de puntos en cada columna vertical, 5, y utilizar la receta matemática:

$$
\begin{array}{r}
8 \\
\times 5 \\
\hline
40
\end{array}
$$

o en la forma: $8 \times 5 = 40$.

Nadie recomendaría este proceso increíblemente lento si no fuera porque al fin se llega a una conclusión correcta. Sin embargo, incluso aunque se llegue a una conclusión correcta, nosotros vemos 40, pero no tenemos ni idea de lo que significa realmente 40 excepto si lo comparamos con alguna otra cosa, como por ejemplo los dólares que ganamos en un día o los días de un mes más diez días. Pero el niño ve la pura verdad, que es que esto:

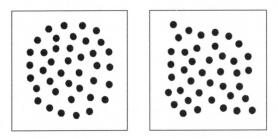

es igual que esto

Ni más ni menos.

Si hacemos la comparación con un mes, entonces sería justo decir que cualquier niño que tenga la oportunidad de ver la verdad sabe que septiembre, abril, junio y noviembre tienen:

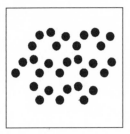

días. Y si tenemos que comparar lo que nosotros llamamos 40 con un mes, entonces de lo que estamos hablando es de:

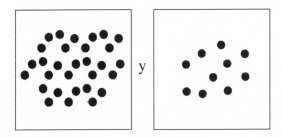

como cualquier niño puede ver sin esfuerzo.

CAPÍTULO 7

Cómo enseñar a su bebé

Nosotras las madres somos las alfareras y nuestros hijos son la arcilla.
WINIFRED SACKVILLE STONER EN *NATURAL EDUCATION*

Muchas instrucciones comienzan diciendo que si no se siguen al pie de la letra, no servirán.

Por el contrario, en este caso podemos decir que no importa lo mal que le exponga a su hijo las matemáticas, porque él seguro que aprenderá más de lo que aprendería si usted no lo hubiera intentado. Así que hablamos de un juego en el que siempre ganara algo por muy mal que juegue. Tendría que hacerlo terriblemente mal para que no produjera ningún resultado. Pero, si lo hace bien, cuanto más inteligentemente juegue a enseñarle matemáticas a su hijo, más rápido y mejor aprenderá el niño.

Hay algunos puntos que deberá tener en cuenta.

Tenga presente que cuando utilizamos la palabra «numeral» nos referimos a los símbolos que representan la cantidad o valor real, como por ejemplo 1, 5 o 9, pero cuando utilizamos la palabra «número» nos referimos a la cantidad real de objetos, como uno, cinco o nueve:

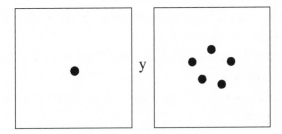

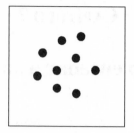

Es en esta diferenciación entre el valor o cantidad real y su representación simbólica (un carácter que representa la cantidad real) donde radica la ventaja que los niños tienen sobre los adultos.

Puede enseñar matemáticas a su hijo, incluso aunque a usted no se le den bien. En este capítulo le explicaremos cómo. Será más fácil si ya le ha enseñado con anterioridad a leer.

Si juegan correctamente al juego de las matemáticas, tanto usted como su hijo disfrutarán muchísimo. Y les llevará menos de media hora al día.

A continuación voy a enumerar ocho características adicionales sobre el propio niño que hay que recordar antes de pasar a las instrucciones para enseñarle.

1. Antes de cumplir cinco años un niño puede absorber con facilidad cantidades tremendas de información. Si el niño que lo hace es menor de cuatro años, será más fácil y más efectivo; antes de los tres será todavía más fácil y mucho más efectivo. Y antes de los dos es el momento en que será más fácil y más efectivo de todos.

2. Un niño antes de los cinco años es capaz de aceptar información a una velocidad increíble.

3. Cuanta más información absorba un niño antes de los cinco años, más retendrá.

4. Un niño de menos de cinco años tiene una cantidad de energía tremenda.

5. Un niño menor de cinco años tiene un deseo monumental de aprender.

6. Un niño antes de los cinco años puede y quiere aprender a leer.
7. Todos los niños pequeños son genios lingüísticos.
8. Los niños menores de cinco años son capaces de aprender todo un idioma y pueden aprender tantos como se les presenten.

Las matemáticas *son* un idioma y el niño puede aprender a hablarlo y a leerlo como lo haría con cualquier otro idioma.

ELEMENTOS BÁSICOS PARA LA ENSEÑANZA

A qué edad comenzar

Pasados los dos años, reconocer cantidades o valores reales se hace más difícil cada año.

Con un año o menos es el momento ideal para empezar si quiere invertir el menor tiempo y la menor cantidad de energía posibles en enseñar matemáticas a su hijo.

Puede empezar el proceso de enseñarle matemáticas a su hijo justo tras el nacimiento. Después de todo, también le hablamos al niño desde que nace y eso ayuda a que crezca su vía auditiva. Igualmente podemos presentarle el lenguaje de las matemáticas a través de los ojos y eso ayudará a crecer a la vía visual. Hablaremos de enseñar a los recién nacidos en el capítulo 12.

Hay dos puntos *esenciales* en la enseñanza del niño:

1. Su actitud y su metodología.
2. El tamaño y el orden de los materiales de enseñanza.

Actitud de los padres y metodología

En toda la historia de la humanidad nunca ha habido una asunción más equivocada que la que afirma que los niños no quieren aprender; los niños desean desesperadamente aprender sobre todo lo que les rodea.

Los niños empiezan a aprender en el momento del nacimiento, o incluso antes, y lo hacen intuitivamente. A la hora del nacimiento los procesos de pensamiento son instintivos e inevitables. En todos los niños de *cualquier* edad el pensamiento y el aprendizaje son dos cosas inevitables. Los niños de un año creen que el aprendizaje es necesario, ineludible y la mayor aventura de sus vidas.

Aprender *es* la mayor aventura de la vida. Aprender *es* deseable, vital e inevitable. Y la vida es, por encima de todo el juego más grande y más estimulante. Los niños creen esto y siempre lo creerán a menos que les persuadamos de que no es cierto.

La regla fundamental es que tanto los padres como el niño deben adoptar un enfoque divertido en lo que respecta a aprender matemáticas y tomárselo como el excelente juego que es.

Los educadores y los psicólogos que dicen que no debemos enseñarle nada a los niños porque eso los obliga a sumergirse en el aprendizaje y los priva de su preciosa infancia no nos dicen nada sobre la actitud de los niños hacia el aprendizaje (pero sí nos dicen mucho sobre lo que ellos mismos sienten en lo que respecta al aprendizaje).

Los padres nunca deben olvidar que aprender es el juego más emocionante de la vida, *no* es un tipo de trabajo.

Aprender es una recompensa, no un castigo.

Aprender es un placer, no una obligación.

Aprender es un privilegio, no un deber.

Los padres deben recordar siempre estas máximas y nunca hacer nada que destruya la actitud natural del niño.

Hay una ley infalible que nunca se debe olvidar. Es esta: Si usted y su hijo no se lo están pasando de maravilla, interrumpa la actividad. Eso significa que están haciendo algo mal.

El mejor momento para enseñar

Los padres y las madres nunca deben jugar a este juego a menos que ellos y sus hijos estén contentos y de buen humor. Si un niño está irritable, cansado o tiene hambre no es un buen momento para realizar el programa de matemáticas. Descubra qué es lo que le está molestando y soluciónelo.

Si un padre o madre no se encuentra del todo bien o está de mal humor, no será un buen momento para realizar el programa de matemáticas. Los días malos es mejor no jugar al juego de las matemáticas. Todos los niños y los padres tienen días en que no se ponen de acuerdo o en que las cosas no parecen ir bien del todo. En esos días un padre o madre sabios dejarán a un lado el programa de matemáticas, porque reconocerán que hay días mejores y días peores y que la diversión de aprender se verá multiplicada si saben escoger los momentos mejores y más felices para dedicárselos a las matemáticas.

La duración ideal

Asegúrese de que juegan durante un periodo de tiempo muy corto. Al principio pueden jugar tres veces al día, pero cada sesión será solo de unos pocos segundos.

En lo que respecta a determinar cuándo terminar cada sesión, el padre o madre tiene que tener una gran capacidad de previsión porque siempre debe parar antes de que el niño quiera parar. El padre o madre debe saber lo que el niño está pensando un poco antes de que el niño lo sepa y parar en ese momento.

Si el padre o madre siempre tiene en cuenta ese detalle, el niño le suplicará que jueguen al juego de las matemáticas y de esa forma el padre estará alimentando el deseo natural del niño de aprender en vez de destruirlo.

La forma de enseñar

Tanto si una sesión de matemáticas consiste en la oportunidad de aprender a reconocer cantidades como si se trata de aprender sumas y restas, el entusiasmo es la clave. A los niños les encanta aprender y lo hacen *con mucha rapidez*. Por ello deberá ir mostrándole el material también *de forma muy rápida*. Nosotros los adultos lo hacemos casi todo demasiado despacio para los niños y no hay ningún área en la que esto quede más patente que en la forma en que los adultos enseñan a los niños pequeños. Generalmente esperamos que un niño se siente y se quede mirando sus materiales, que parezca que se está concentrando en ellos. Esperamos que parezca un poco infeliz para así demostrarnos que realmente está aprendiendo. Pero los niños no creen que aprender sea doloroso como lo creen los adultos.

Muéstrele al niño las tarjetas con toda la rapidez que pueda. Según lo vaya haciendo irá adquiriendo velocidad y experiencia. Practique un poco, hasta que se sienta cómodo, antes de mostrarle los materiales al niño. Los materiales se han diseñado cuidadosamente para que sean grandes y claros con el fin que el niño los vea con facilidad aunque se le muestren muy rápidamente.

A veces, cuando una madre o un padre aumentan la velocidad, tienden a volverse un poco mecánicos y a perder el entusiasmo y la musicalidad natural de la voz. Es posible mantener el entusiasmo, hablar con un sonido agradable y con significado, y mostrar los materiales a una velocidad alta, *todo a la vez*. Es importante que se esfuerce para conseguirlo. El interés y el entusiasmo de su hijo por las sesiones de matemáticas estarán muy relacionados con estas tres cosas:

1. La velocidad a la que se le muestran los materiales.
2. La cantidad de material nuevo.
3. El comportamiento alegre de la madre o el padre.

Cuanto mayor sea la velocidad, más material nuevo haya, y más alegre sea el comportamiento del padre o madre, mejor.

La velocidad por sí misma puede marcar la diferencia entre una sesión provechosa y una demasiado lenta para el niño. Los niños no se quedan mirando fijamente (no *necesitan* hacerlo); ellos absorben la información instantáneamente, como esponjas.

Introducción de material nuevo

Es el momento de hablar de la velocidad a la que un niño debería aprender matemáticas, o, en general, cualquier cosa.

No tenga miedo de seguir el ritmo que le marca su hijo. Se quedará asombrado del ansia del niño y de la velocidad a la que aprende.

Los adultos hemos crecido en un mundo que nos ha enseñado que debemos memorizar «2 + 2 = 4». Teníamos que repetir cosas como esa una y otra vez, hacer las mismas operaciones sin parar. Para la mayoría de nosotros esas repeticiones infinitas de una cantidad de información tan reducida constituían el principio del fin de nuestra atención y nuestro interés por la aritmética.

¿Y qué pasaría si, en vez de hacer veinte sumas y repetirlas una y otra vez, hiciéramos mil muy rápido y de forma alegre? No hace falta ser un genio matemático para saber que mil sumas son muchas más que veinte. Pero lo importante en este caso no es el hecho de que los niños pueden retener mucha más información de la que les ofrecemos normalmente. Lo importante es lo que ocurre cuando les mostramos la suma número veintiuno o la mil y una. Ahí es donde se esconde el secreto de enseñar a un niño pequeño.

En el primer caso, después de que un niño haya visto las veinte primeras sumas ad infinítum y ad náuseam, el efecto ante la suma número veintiuno será que el niño saldrá corriendo en la dirección opuesta tan rápido como pueda. El principio de la repetición es el principio básico que se sigue en la educación formal. Todos los adultos somos expertos en lo aburridísimo que es ese enfoque porque hemos pasado largos años soportándolo.

En el segundo caso el niño estará esperando ansioso la suma mil y una, porque hasta el momento se ha fomentado la diversión del descubrimiento y del aprendizaje de algo nuevo y se ha alimentado la curiosidad natural y el amor por el aprendizaje que hay en cada niño.

Desgraciadamente uno de estos dos métodos cierra la puerta del aprendizaje, a veces para siempre. Por suerte el otro abre la puerta de par en par y asegura que se mantendrá abierta ante cualquier futuro intento de cerrarla.

Es esencial para la salud y la felicidad intelectual del niño ofrecerle una amplia selección de «alimentos para el pensamiento» provenientes de las matemáticas.

Constancia

Es aconsejable que organice su tiempo y sus materiales antes de empezar, porque una vez que empiece, lo ideal sería establecer un programa con cierta constancia. Un programa modesto realizado de forma feliz y constante tendrá infinitamente más éxito que un programa demasiado ambicioso que supera a la madre o el padre tanto que solo podrá ponerlo en práctica esporádicamente. Un programa que se interrumpe frecuentemente no es efectivo.

Ver los materiales repetidamente pero de forma rápida es vital para llegar a dominarlos. La diversión del niño se deriva del conocimiento real y la mejor forma de alcanzarlo es con un programa diario.

Sin embargo a veces es *necesario* dejar a un lado el programa durante unos días. Esto no tiene por qué suponer un problema si no se recurre a ello muy a menudo. Ocasionalmente puede ser absolutamente necesario aparcar el programa durante varias semanas o incluso meses. Por ejemplo la llegada de un nuevo hijo, una mudanza, un viaje o una enfermedad en la familia suelen causar importantes trastornos de la rutina diaria. Durante estos contratiempos es mejor detener los programas *completamente*. Utilice estos periodos de descanso para hablar con su hijo sobre las matemáticas en la vida diaria, lo que solo requerirá que le señale cuántos dedos hay en una mano, cuántas flores hay en un jarrón o cuántas escaleras hay entre el segundo piso y el primero.

No intente mantener un programa «a medias» en épocas como estas. Resultará frustrante para usted y para su hijo. Cuando puedan volver a llevar un programa completo y constante, vuelvan a empezar justo donde lo dejaron. No vuelvan atrás y empiecen todo de nuevo.

Tanto si decide hacer un programa de matemáticas modesto como si prefiere uno más amplio, lo que mejor se adapte a usted y a su hijo, hágalo de forma *constante*. Verá como la felicidad y la confianza del niño crecen día a día.

Exámenes

Enseñar es proporcionarle a su hijo nueva información como si fuera un regalo. Hacerle exámenes o pruebas es como pedirle que le devuelva ese regalo.

Enseñar es un proceso natural y divertido. Los exámenes son desagradables en el mejor de los casos y odiosos en el peor.

Enséñele cosas a su hijo, no le examine.

Hablaremos de la diferencia entre la realización de exámenes y la resolución de problemas en el capítulo 10.

Preparación de los materiales

Los materiales que utilizará para enseñarle matemáticas a su hijo son extremadamente simples. Se basan en muchos años de trabajo de un gran equipo de especialistas en el desarrollo del cerebro infantil que han estudiado cómo crece y funciona el cerebro humano. Se han diseñado teniendo en cuenta el hecho de que las matemáticas son una función *cerebral*. También reconocen las virtudes y limitaciones del aparato visual de los niños pequeños y están pensados para responder a todas sus necesidades, desde la tosquedad hasta la sofisticación visual, desde la función hasta el aprendizaje cerebrales.

Todas las tarjetas de matemáticas deben estar hechas de algún tipo de cartulina blanca con cierta consistencia y rigidez para que puedan soportar el manoseo (no siempre cuidadoso) que van a sufrir.

Para empezar necesitará:

1. Una buena cantidad de cartulina blanca cortada en tarjetas cuadradas de 30 × 30 centímetros. Si es posible, cómprelas ya cortadas con el tamaño que necesita; eso le ahorrará mucho tiempo de cortar, actividad en la que tendrá que invertir mucho más tiempo que en todo el resto de la preparación del material. Necesitará al menos cien tarjetas para hacer el conjunto inicial de materiales.

2. También necesitará 5.050 puntos rojos autoadhesivos de unos dos centímetros de diámetro para hacer las tarjetas de la 1 a la 100. La empresa de papelería Dennison hace unas etiquetas adhesivas con forma de puntos que son perfectas para nuestro propósito.

3. Un rotulador grande, rojo y de punta de fieltro. Elija el que tenga la punta más gruesa que pueda encontrar. Cuanto más grueso sea el rotulador, mejor.

Como ya habrá notado, los materiales iniciales tienen grandes puntos rojos. Es necesario que sean rojos porque el rojo les resulta atractivo a los bebés. También se han elegido específicamente para que las vías visuales, todavía inmaduras, puedan distinguirlos fácilmente y sin esfuerzo. El propio acto de verlos aumentará la velocidad de desarrollo de esas vías visuales para que cuando lleguemos a enseñarle los numerales, pasado un tiempo, el niño pueda distinguirlos bien y aprenderlos con más facilidad.

Empezará haciendo las tarjetas que va a utilizar para enseñar a su hijo la cantidad o valor real de los números. Para ello tendrá que fabricar un grupo de tarjetas con puntos rojos, desde una tarjeta con un solo punto rojo hasta una con cien puntos rojos. Esto lleva tiempo pero no es difícil. Hay algunos consejos útiles que le facilitarán mucho la tarea:

1. Empiece por la tarjeta de los cien puntos y vaya *retrocediendo* hasta la de un punto. Los números mayores son más difíciles y usted estará más atento y tendrá más cuidado al principio que al final.
2. Cuente el número exacto de puntos *antes* de pegarlos en la tarjeta. Le costará mucho más contarlos después de pegarlos, sobre todo las cantidades superiores a veinte.
3. Escriba el numeral a lápiz o a bolígrafo en las cuatro esquinas de la parte posterior de la tarjeta *antes* de colocar el número correcto de puntos en la parte delantera de la tarjeta.
4. Tenga cuidado de *no* colocar los puntos formando un patrón como un cuadrado, un círculo, un triángulo, un diamante o cualquier forma reconocible.
5. Reparta los puntos en las tarjetas de una forma totalmente aleatoria, empezando en el centro y después hacia fuera, asegurándose de que no se superponen unos a otros y de que no se tocan.
6. Deje un pequeño margen alrededor de los bordes de la tarjeta. Así le quedará espacio para agarrar la tarjeta con los dedos sin cubrir ningún punto con ellos cuando muestre la tarjeta.

Parte delantera　　　　Parte posterior

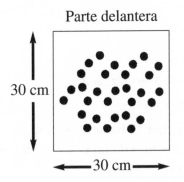

Fabricar los materiales descritos anteriormente lleva su tiempo y, dependiendo del coste de la cartulina, puede resultar un poco caro, pero cuando vea la ilusión y el entusiasmo que compartirán su hijo y usted jugando al juego de las matemáticas juntos, seguro que concluirá que ha merecido la pena el esfuerzo.

A continuación vamos a reproducir la carta de una de nuestras madres.

---

22 de marzo

Asunto: Tarjetas de matemáticas

Estimado Glenn:

¡Los puntos son geniales! No sé lo que estoy haciendo, pero a mis hijos les encanta.

Pero he creído que querría saber que en las 100 tarjetas he gastado:

16,50 $ en los puntos (dólares canadienses).

15,00 $ en la cartulina (que tenía un descuento del 10%).

10,00 $ en un plastificado con vinilo que estaba a 1/3 de su precio habitual.

Total: 41,50 $ más un número indeterminado de horas de un trabajo que casi me deja bizca.

No creo que pueda recomendarle esto a mis amigas.

¿Tienen previsto vender un paquete de tarjetas ya preparadas en algún momento?

Sra. Van Arragon
Ontario, Canadá

PD: Dense prisa con el libro. Empiezo a necesitar ayuda.

Como resultado de este consejo que daba la sensación de ser muy sensato, en la actualidad ya hay un kit con estas tarjetas ya preparadas a disposición de los padres.

Estas primeras cien tarjetas son todo lo que necesitará para comenzar con el primer paso de su programa de matemáticas. Una vez que empiece a enseñar matemáticas a su hijo se dará cuenta que él asimila el material nuevo con mucha rapidez. Por mucho hincapié que hagamos en este punto con los padres, ellos siempre se quedan asombrados de lo rápido que aprenden los niños.

Descubrimos hace mucho tiempo que es mejor empezar con el material adelantado. Por eso le recomendamos que fabrique las cien tarjetas antes de empezar a enseñar al niño. Así después tendrá un suministro adecuado de nuevo material a mano y listo para usar. Si no lo hace se dará cuenta de que siempre va retrasado. La tentación de seguir mostrándole al niño las mismas tarjetas de siempre una y otra vez es difícil de resistir. Si la madre o el padre sucumben a esa tentación eso provocará el desastre del programa de matemáticas. El único error que el niño no va a tolerar es que se le muestre el mismo material una y otra vez cuando ya debería haberse retirado.

Recuerde que el pecado mortal en estos programas es aburrir al niño.

Sea inteligente: empiece con la preparación del material ya terminada y vaya siempre por delante. Y si por alguna razón se queda rezagado, no se cubra enseñándole al niño las mismas tarjetas que ya conoce. Interrumpa el programa un día o una semana hasta que se haya reorganizado y tenido tiempo de fabricar nuevos materiales y después vuelva a empezar donde lo dejaron.

La preparación del material puede ser algo muy entretenido (y debería serlo). Si lo que está preparando ahora son los materiales para el mes siguiente, lo será. Pero si ahora tiene que preparar el material para mañana por la mañana, seguro que no lo será tanto.

Empiece con ventaja, permanezca un paso por delante, interrumpa el programa y reorganícese si lo necesita, pero no le muestre al niño los mismos materiales una y otra vez.

Resumen: la forma correcta de enseñar; puntos básicos

1. Empiece con un niño lo más pequeño posible.
2. Muéstrese alegre siempre que esté enseñando al niño.
3. Respete al niño.
4. Póngase a enseñar solo cuando el niño y usted estén felices.
5. Pare antes de que el niño quiera parar.
6. Enséñele los materiales con rapidez.
7. Introduzca nuevos materiales a menudo.
8. Realice el programa de una forma constante.
9. Prepare los materiales cuidadosamente y siempre vaya un paso por delante.
10. Recuerde la regla infalible: *Si usted y su hijo no se lo están pasando de maravilla, interrumpa la actividad. Eso significa que están haciendo algo mal.*

CAPÍTULO 8

Cómo enseñar el reconocimiento de cantidades

EL CAMINO DE LAS MATEMÁTICAS

E L camino que va a seguir a partir de ahora para enseñar a su hijo es sorprendentemente fácil y simple. Tanto si empieza con un lactante como con un bebé de dieciocho meses el camino es esencialmente el mismo.

Los pasos de este camino son los siguientes:

Primer paso	Reconocimiento de cantidades
Segundo paso	Operaciones
Tercer paso	Resolución de problemas
Cuarto paso	Reconocimiento de numerales
Quinto paso	Operaciones con numerales

PRIMER PASO: RECONOCIMIENTO DE CANTIDADES

El primer paso es enseñar a su hijo a percibir los números reales, es decir, el verdadero valor de los numerales. Los numerales, recordemos, son los símbolos que representan el verdadero valor de los números. Al principio enseñaremos al bebé a la edad más temprana posible, incluso justo después del nacimiento, las tarjetas con puntos del uno al diez. Para comenzar nos centraremos en las del uno al cinco.

Escoja un momento del día en el que el niño esté receptivo, descansado y de buen humor. Sitúense en una parte de la casa en la que haya la menor cantidad posible de distracciones, tanto auditivas como visuales. *No* tenga la radio encendida y evite cualquier otra fuente de ruido. Utilice algún rincón de la habitación donde no haya muchos muebles, cuadros u otros objetos que puedan distraer visualmente al niño.

Ahora es cuando empieza la diversión. Solo tiene que sostener la tarjeta con un punto justo donde el niño no pueda alcanzarla y decirle claramente y con entusiasmo: «Esto es uno». Enséñele la tarjeta muy brevemente, un segundo o menos, nunca más tiempo del que le lleva decir esas palabras.

No hace falta que le haga más descripciones al niño. No hay necesidad de elaborar.

Después levante la tarjeta del dos y de nuevo con gran entusiasmo diga: «Esto es dos».

Muéstrele las tarjetas del tres, el cuatro y el cinco exactamente de la misma forma en que le ha enseñado las dos primeras. Cuando esté utilizando un montoncito de tarjetas es mejor coger la de la parte superior del montón en vez de la de más abajo. Así usted podrá recurrir a mirar una de las esquinas de la parte posterior de la tarjeta, donde está escrito el número que representa. De esta forma, cuando le diga el número a su hijo podrá poner toda su atención en la cara del niño. Eso es lo ideal, porque lo que queremos es tener toda la atención y el entusiasmo dirigidos hacia él mientras mira la tarjeta, no hacia la tarjeta que le estamos mostrando.

Recuerde que cuanto más rápido le muestre las tarjetas, mayores serán su atención y su interés. Además el niño estará acaparando toda la atención de su madre o padre y notará su felicidad; no hay nada que le guste más a un niño pequeño.

No le pida a su hijo que repita los números cuando termine. Después de que le haya mostrado las cinco tarjetas, déle un gran abrazo y muchos besos. Demuéstrele su afecto de la forma más obvia. Dígale lo maravilloso y lo listo que es y cuánto le gusta enseñarle.

Repita este mismo proceso dos veces más a lo largo del primer día, exactamente de la misma manera que acabamos de describir. En las primeras semanas de sesiones del programa de matemáticas debe dejar al menos media hora entre las diferentes sesiones. Más adelante las sesiones pueden estar separadas solo por quince minutos.

Así acaba el primer día. Usted ya habrá dado el primer paso para enseñar a su hijo a comprender las matemáticas. Hasta ahora habrá invertido, como máximo, tres minutos.

El segundo día repita la sesión básica tres veces. Añada un segundo grupo de cinco nuevas tarjetas con puntos: el seis, el siete, el ocho, el nueve y el diez. Deberá mostrar este nuevo grupo tres veces a lo largo del día. Como ahora le estará mostrando al niño dos grupos de cinco tarjetas y deberá enseñar cada grupo tres veces al día, estará haciendo un total de seis sesiones de matemáticas al día.

La primera vez que le enseñe el grupo de tarjetas del uno al cinco y el grupo del seis al diez deberá mostrárselas en orden, es decir, uno, dos, tres, cuatro, cinco. Después de la primera vez *asegúrese de mezclar siempre cada montón de tarjetas antes de mostrárselas la vez siguiente, para que la secuencia en la que el niño vaya a ver las tarjetas sea impredecible.*

Al final de cada sesión dígale al niño que lo hace muy bien y que es muy listo. Cuéntele que está muy orgulloso de él y que le quiere mucho. Es aconsejable abrazarle y expresarle su amor de forma física.

Pero no le premie con galletas, caramelos o algo así. A la velocidad a la que aprenderá, en muy poco tiempo no podrá permitirse las suficientes galletas desde el punto de vista económico ni desde el punto de vista de la salud alimentaria. Además, ante un logro tan grande, una galleta es una recompensa pobre en comparación con su amor y su respeto.

Los niños aprenden a la velocidad del rayo; si a un niño le muestra una tarjeta más de tres veces al día, acabará aburriéndole. Si le enseña una sola tarjeta durante más de un segundo, perderá su atención. Puede hacer un experimento con el padre o la madre (el que no se ocupe de la enseñanza de las matemáticas): pídale que se quede mirando una tarjeta con seis puntos durante treinta segundos. Se dará cuenta de que le resulta muy difícil hacerlo. Y tenga en cuenta que los bebés perciben las cosas a una velocidad mayor que los adultos, así que actúe en consecuencia.

Ahora le enseñará a su hijo tres veces al día dos grupos de tarjetas de matemáticas con cinco tarjetas cada uno. Usted y su hijo ya estarán disfrutando de un total de seis sesiones de matemáticas repartidas durante el día, lo que les llevará en total solo unos pocos minutos.

La única señal de alarma que puede aparecer en todo el proceso es el aburrimiento. *Nunca aburra al niño. Tiene más posibilidades de hacerlo si va demasiado despacio que si va demasiado deprisa.* Recuerde que ese niño tan inteligente podría estar aprendiendo en ese mismo momento por ejemplo japonés, así que ponga cuidado en no aburrirle. Tenga en cuenta el logro tan espléndido que ya están consiguiendo: le está dando al niño la oportunidad de aprender la cantidad verdadera de diez cuando tiene la edad justa para percibirla. Es una oportunidad que usted nunca tuvo. El niño ha conseguido, con su ayuda, dos cosas de lo más extraordinarias:

1. Que sus vías visuales crezcan y, lo que es más importante, que puedan diferenciar entre una cantidad o valor y otra.
2. Dominar algo que los adultos no son capaces de hacer ahora y que probablemente no serán capaces de conseguir nunca.

Siga mostrándole los dos grupos de cinco tarjetas, pero después del segundo día mezcle los dos grupos entre sí, de forma que en un grupo queden el tres, el diez, el ocho, el dos y el cinco, por ejemplo, y las tarjetas restantes estén en el otro grupo. Esta mezcla constante ayudará a que cada sesión sea nueva y emocionante. Su hijo nunca sabrá qué número va a salir después. Esto es muy importante para mantener la enseñanza siempre fresca e interesante.

Siga enseñándole al niño estos dos grupos de cinco tarjetas de esta forma durante cinco días. El sexto día deberá empezar a añadir tarjetas nuevas y a retirar las antiguas.

Para ir añadiendo nuevas tarjetas y retirando las antiguas el método es el siguiente: retire las dos tarjetas con los números más bajos de las diez tarjetas que ha estado enseñando durante cinco días. En este caso las que deberá quitar son las de los números uno y dos y reemplazarlas por dos nuevas tarjetas (el once y el doce). De este punto en adelante deberá añadir diariamente dos tarjetas nuevas y retirar dos de las antiguas. A este proceso de retirar una tarjeta antigua lo llamamos «jubilación». Pero, como explicaremos algo más adelante, todas las tarjetas «jubiladas» volverán al servicio activo más tarde, cuando lleguemos a los pasos segundo y tercero.

PROGRAMA DIARIO
(después del primer día)

Contenido diario: 2 grupos de tarjetas.

Cada sesión: 1 grupo (5 tarjetas) que se muestra solo una vez.

Frecuencia: 3 veces al día cada grupo.

Intensidad: puntos rojos de unos dos centímetros de diámetro.

Tarjetas nuevas: 2 al día (una en cada grupo).

Tarjetas retiradas: 2 al día (las dos con los números más bajos).

Vida útil de cada tarjeta: 3 veces al día durante 5 días = mostrarla 15 veces.

Principio: Parar siempre antes de que el niño quiera parar.

En resumen, le estará enseñando a su hijo diez tarjetas al día separadas en dos grupos de cinco tarjetas. Todos los días se retirarán las dos tarjetas que correspondan a los números más bajos y el niño verá dos nuevas tarjetas, una tarjeta nueva en cada grupo.

Los niños a los que ya se les ha enseñado a contar de uno a diez o más puede que intenten contar los puntos de la tarjeta al principio. Saber contar le provocará al niño una pequeña confusión. Poco a poco irá perdiendo el hábito por la velocidad a la que le irá mostrando las tarjetas. Una vez que se dé cuenta de que usted le muestra las tarjetas demasiado rápido, entenderá que este juego es diferente al de contar que está acostumbrado a jugar y empezará a aprender a reconocer las cantidades de puntos que está viendo. Por eso, si su hijo no sabe contar, no le enseñe hasta *mucho después* de haber completado los cinco pasos de este camino.

Igual que anteriormente, ahora hay que recordar que la regla suprema es no aburrir al niño. Si se aburre, lo más probable es que usted esté yendo demasiado lento. Debería estar aprendiendo rápido y pidiéndole que jueguen un poco más.

Si lo está haciendo bien, el niño conseguirá asimilar dos tarjetas nuevas al día. De hecho dos es el número *mínimo* de tarjetas nuevas que puede introducir al día. Si le parece que el niño necesita más material nuevo, retire tres tarjetas al día y añada otras tres (o incluso cuatro).

En este momento tanto los padres como el niño deberían ver el juego de las matemáticas como una gran diversión y esperarlo con anticipación. No olvide que está inculcando en su hijo el amor por aprender, que más tarde se verá multiplicado a lo largo de su vida. Para decirlo de una forma más precisa, está reforzando el ansia intrínseca de su hijo por aprender, un ansia que no se puede anular, pero que sí se puede retorcer para dirigirla hacia canales inútiles o incluso negativos para su hijo. Jueguen con alegría y entusiasmo. No invertirá más de tres minutos enseñándole y cinco o seis demostrándole cariño, pero él habrá hecho uno de los descubrimientos más importante de todos los que hará en la vida.

Además, si usted le transmite estos conocimientos con emoción y alegría y se los regala sin pedirle nada a cambio, su hijo habrá aprendido algo que muy pocos adultos en la historia han aprendido: a *percibir* lo que otros solo *ven*. Podrá distinguir treinta y nueve puntos de treinta y ocho o noventa y uno de noventa y dos. Conocerá el *verdadero* valor de los números y no solo sus símbolos y así tendrá la base que necesita para comprender realmente las matemáticas y no solo memorizará formulas y rituales como el de «dejo el 6 y me llevo el 9». Reconocerá con un solo vistazo cuarenta y siete puntos, cuarenta y siete céntimos o cuarenta y siete ovejas.

Si consigue resistirse a la tentación de hacerle exámenes, es posible que el niño acabe demostrando su capacidad por casualidad. Tanto si lo hace como si no, confíe en él. No crea que no va a lograr dominar las matemáticas de esta forma solo porque no conoce a ningún adulto que lo haya conseguido. Tampoco ningún adulto puede aprender un idioma con la rapidez que lo hace un niño.

Continúe enseñándole las tarjetas con puntos de la forma descrita ahora hasta que lleguen a cien. No hace falta superar el número cien con las tarjetas de reconocimiento de cantidades (aunque algunos de nuestros padres más minuciosos lo han hecho en estos años); pasados los cien ya se juega con las mismas cantidades y más ceros. Una vez que el niño haya visto las tarjetas con puntos del uno al cien ya tendrá una idea precisa de las cantidades.

De hecho, es probable que el niño necesite y quiera empezar el segundo paso del camino de las matemáticas mucho *antes* de que lleguen a la tarjeta del cien. Cuando hayan completado el proceso con las tarjetas con puntos del uno al veinte habrá llegado el momento de empezar el segundo paso.

Capítulo 9

Cómo enseñar las operaciones

SEGUNDO PASO: OPERACIONES

L LEGADOS a este punto el niño ya podrá reconocer cantidades entre uno y veinte. En este momento siempre surge la tentación de volver a ver una y otra vez las tarjetas antiguas. Resístase a esa tentación; eso le resultará muy aburrido a su hijo. A los niños les encanta aprender nuevos números, pero no les gusta repasar una y otra vez los antiguos.

También puede surgirle la tentación de poner a prueba a su hijo. Tampoco haga esto. Las pruebas o exámenes introducen invariablemente en la situación una tensión por parte del padre o la madre. El niño la percibirá al momento y es posible que asocie esa tensión y esa situación desagradable con el aprendizaje. Hablaremos de los exámenes o pruebas más adelante en este libro.

Asegúrese de demostrarle a su hijo cuánto lo quiere y lo respeta cada vez que tenga oportunidad.

Las sesiones de matemáticas deben ser siempre momentos de risas y de cariño demostrado de forma física, la recompensa perfecta para usted y su hijo.

Una vez que el niño haya adquirido la capacidad básica de reconocimiento de las cantidades del uno al veinte, ya estará listo para empezar a sumar dos cantidades y ver la que resulta. Su hijo ya está preparado para empezar a aprender a sumar.

El proceso para enseñar las sumas es muy fácil. De hecho, el niño ya ha estado presenciando el proceso durante varias semanas. Cada vez que le enseñaba una nueva tarjeta con puntos ha estado viendo la suma de un nuevo punto. Ese proceso se ha vuelto tan predecible para el niño que ya ha empezado a anticipar tarjetas que todavía no ha visto. Aunque no tiene forma de predecir o deducir *el nombre* que le daremos a la cantidad de «veintiuno», seguro que ha deducido que la nueva tarjeta que le vamos a mostrar va a ser igual que el veinte pero va a tener *un punto más*.

Eso es una suma. Él no sabe cómo se llama, pero tiene una idea rudimentaria sobre lo que es y cómo funciona. Es importante que comprenda que el niño ya habrá llegado a este punto *antes* de que usted le enseñe sumas por primera vez.

Para preparar los materiales escriba operaciones de dos pasos en la parte posterior de las tarjetas con bolígrafo o con lápiz. Solo con coger la calculadora unos momentos podrá encontrar operaciones suficientes para la parte trasera de las tarjetas con puntos del uno al veinte. En el apéndice de este libro encontrará algunos ejemplos para empezar. Por ejemplo la parte posterior de la tarjeta del diez podría ser así:

10

$$1 + 9 = 10$$
$$2 + 8 = 10$$
$$3 + 7 = 10$$
$$4 + 6 = 10$$
$$5 + 5 = 10$$

$$100 \div 10 = 10$$
$$70 \div 7 = 10$$
$$40 \div 4 = 10$$
$$30 \div 3 = 10$$
$$20 \div 2 = 10$$

$$1 + 2 + 3 + 4 = 10$$
$$20 - 10 = 10$$
$$30 - 20 = 10$$
$$80 - 70 = 10$$
$$100 - 90 = 10$$

$$15 - 5 = 10$$
$$16 - 6 = 10$$
$$17 - 7 = 10$$
$$18 - 8 = 10$$
$$19 - 9 = 10$$

10

Para empezar este proceso, coloque sobre su regazo boca abajo las tarjetas del uno, el dos y el tres. Con un tono feliz y entusiasta diga: «Uno más dos es igual a tres». A la vez que lo dice muestre al niño la tarjeta del número que está diciendo en ese momento. Así, para esta suma en concreto, debe mostrar la tarjeta del uno y decir «uno», bajar la tarjeta del uno, decir «más», coger la tarjeta del dos y mostrarla a la vez que dice «dos», bajar la tarjeta del dos, decir «es igual a» y coger la tarjeta del tres para mostrarla al decir «tres».

El niño aprenderá lo que significan las palabras «más» y «es igual a» de la misma forma que aprende lo que significa «mío» o «tuyo»: viéndolas en acción y en contexto.

Todo esto debe hacerlo muy rápido y de la forma más natural posible. Esta vez también puede practicar con el padre o la madre varias veces hasta que se sienta cómodo. El truco está en tener la suma preparada para mostrarla antes de llamar la atención del niño porque la sesión de matemáticas está a punto de empezar. No espere que su bebé se siente y le observe mientras busca las tarjetas correctas para hacer la suma que le va a enseñar un momento después. Si lo hace, el niño tras un segundo se alejará arrastrándose o gateando, como es lógico. Su tiempo también es valioso.

Coloque la secuencia de tarjetas necesaria para la operación del día siguiente *la noche anterior*, de forma que, cuando surja un buen momento, ya estará preparado. Recuerde que no van a permanecer mucho tiempo con las operaciones con cantidades entre el uno y el veinte; pronto estarán haciendo operaciones que usted no podrá hacer mentalmente de forma rápida y exacta.

Enseñar cada operación solo lleva unos segundos. No intente explicarle al niño lo que significan «más» o «es igual a». No será necesario porque está haciendo algo que es mucho mejor que explicar su significado: está demostrando lo que son. El niño está viendo el proceso en vez de solo oyendo explicaciones sobre él. La simple acción de mostrar la operación ya define claramente lo que significa «más» y «es igual a». Esto es la esencia pura de la actividad de enseñar.

Si alguien dice: «uno más dos es igual a tres» a un adulto, el adulto verá con los ojos de su mente: $1 + 2 = 3$, porque nosotros los adultos estamos limitados a ver símbolos, no somos capaces de percibir los hechos.

Lo que el niño está viendo es:

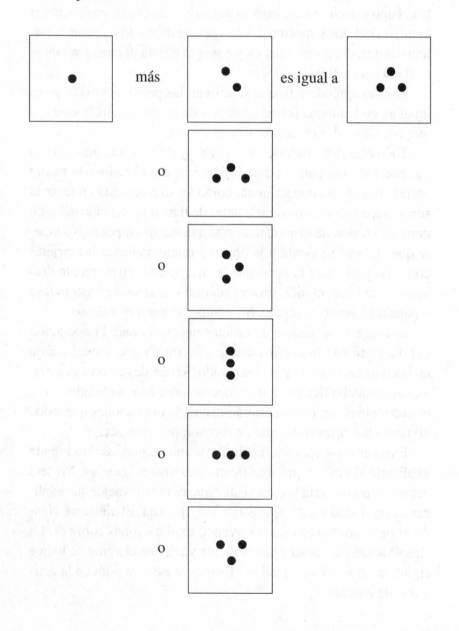

porque todos ellos son igualmente tres. Los niños ven el hecho, no el símbolo.

Siempre hay que decir las operaciones de la misma forma, utilizando las mismas palabras cada vez. «Uno más dos es igual a tres»; no diga «uno y dos hacen tres». Al enseñarles a los niños los hechos, ellos deducirán las reglas, pero los adultos debemos ser minuciosos con lo que decimos para que ellos puedan inferir las reglas. Si cambiamos el vocabulario que usamos, los niños tienen derecho a creer que las reglas cambian también.

Cada sesión deberá consistir en tres operaciones, no más. Pueden hacer menos, pero nunca más. Recuerde que lo ideal es que las sesiones sean breves.

Hagan tres sesiones de operaciones al día. Cada una de estas tres sesiones contendrá tres operaciones diferentes, así que estarán haciendo *nueve operaciones diferentes todos los días*. No repita las mismas operaciones una y otra vez; cada día las operaciones deben ser nuevas y diferentes de las del día anterior.

Evite los patrones predecibles de operaciones dentro de una sesión, por ejemplo:

$$1 + 2 = 3$$
$$1 + 3 = 4$$
$$1 + 5 = 6$$
Etc.

La sesión será mucho mejor si el patrón es:

$$1 + 2 = 3$$
$$2 + 5 = 7$$
$$4 + 8 = 12$$

Es mejor que las sumas solo tengan dos pasos porque esto hace que las sesiones sean frescas y escuetas, lo que es mucho más conveniente para el niño.

Se pueden hacer 190 sumas de dos pasos utilizando tarjetas entre el uno y el veinte, así que no tema quedarse sin ideas la primera semana. Tendrá material más que suficiente con el que trabajar.

De hecho, después de dos semanas de nueve sumas diferentes todos los días llegará el momento de pasar a las restas o perderá la atención y el interés de su hijo. Ya tendrá una idea muy clara sobre cómo sumar puntos, así que ya está listo para ver cómo se restan.

El proceso para enseñar las restas es exactamente el mismo que ha utilizado para las sumas. También es el mismo método con el que el niño ha aprendido su idioma.

Prepare las tarjetas con puntos escribiendo varias operaciones en la parte de atrás. Empiece diciendo: «Tres menos dos es igual a uno». Esta vez también tendrá las tres tarjetas que forman la operación apoyadas en su regazo e irá mostrando la tarjeta correspondiente cuando diga el número:

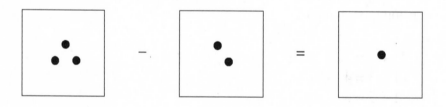

A estas alturas ya habrá superado el número veinte en la enseñanza de reconocimiento de cantidades, así que tiene a su disposición una selección más amplia de números que puede usar para hacer operaciones de resta. No se limite a usar los números bajos; utilice los más altos también.

En este momento es aconsejable dejar de hacer sumas en sus sesiones y reemplazarlas por restas. Tendrá que hacer tres sesiones de restas a diario con tres restas diferentes en cada sesión y simultáneamente continuar mostrándole al niño dos grupos de cinco tarjetas con puntos tres veces al día para que siga aprendiendo números cada vez más altos hasta llegar al cien. Así usted y su hijo tendrán nueve breves sesiones de matemáticas cada día.

PROGRAMA DIARIO

Sesión 1: Tarjetas con puntos.
Sesión 2: Restas.
Sesión 3: Tarjetas con puntos.
Sesión 4: Tarjetas con puntos.
Sesión 5: Restas.
Sesión 6: Tarjetas con puntos.
Sesión 7: Tarjeta con puntos.
Sesión 8: Restas.
Sesión 9: Tarjetas con puntos.

Cada una de estas operaciones tiene la gran ventaja de que el niño conoce tanto la cantidad real de la tarjeta que estamos utilizando:

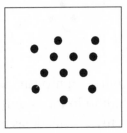

como el nombre de esa cantidad (doce en este caso) de antemano. La operación contiene elementos que al niño ya le resultan familiares y satisfactorios. Por un lado disfrutará viendo tarjetas antiguas que ya conoce. Por otro, aunque ya está familiarizado con las cantidades, ahora está viendo esos elementos conocidos en una resta, que es un concepto nuevo. Eso le resulta emocionante. Le abre la puerta a la comprensión de la magia de las matemáticas.

Durante las dos semanas siguientes seguirán dedicándose a las restas. En este tiempo le mostrará a su hijo aproximadamente 126 restas diferentes. Son más que suficientes. No hace falta que le muestre todas las combinaciones posibles. Ha llegado el momento de pasar a la multiplicación.

La multiplicación no es más que una suma repetida, así que la primera multiplicación no será una gran revelación para el niño. Pero sí estará aprendiendo más del lenguaje de las matemáticas y eso le resultará muy útil.

Como el repertorio de tarjetas con puntos que su hijo reconoce ha ido creciendo cada día, ahora tendrá números todavía mayores para utilizar en las multiplicaciones. Y justo a tiempo, porque ahora necesitará esos números más altos para dar las respuestas de las multiplicaciones. Prepare las tarjetas escribiendo multiplicaciones en la parte de atrás de cada tarjeta.

Utilizando tres tarjetas, diga: «Dos multiplicado por tres es igual a seis».

El niño aprenderá lo que significan las palabras «multiplicado por» como ha aprendido lo que significan «más», «es igual a», «menos», «mío» o «tuyo»: viéndolas en acción.

Ahora deberá sustituir las sesiones de restas por sesiones de multiplicaciones. Harán tres sesiones al día con tres multiplicaciones cada sesión. Siga exactamente el mismo patrón que ha seguido con las sumas y las restas. A la vez continúe con las sesiones de reconocimiento de cantidades con las tarjetas con puntos cada vez con números más altos.

Lo ideal es que su hijo solo haya visto hasta el momento los *números reales* en forma de tarjetas con puntos y todavía no se haya enfrentado a ningún numeral, ni siquiera el 1 o el 2.

Las dos semanas siguientes las dedicarán a la multiplicación. Siga evitando los patrones predecibles en las operaciones que incluye en una misma sesión, por ejemplo:

$2 \times 3 = 6$
$2 \times 4 = 8$
$2 \times 5 = 10$

Estos patrones tienen su valor, pero todavía no son aconsejables; más adelante en el libro trataremos cuándo es el momento oportuno para llamar la atención del niño sobre ellos. Por el momento queremos que no deje de preguntarse qué es lo que vendrá después. La pregunta «¿Qué vendrá ahora?» debe ser una constante para él y su tarea es proporcionarle una solución nueva y diferente a ese misterio cada vez.

A estas alturas usted y su hijo habrán estado pasándoselo bien juntos con las matemáticas durante menos de dos meses y ya habrán hecho reconocimiento de cantidades de uno a cien, sumas, restas y multiplicaciones. Está muy bien para la pequeña inversión de tiempo que han hecho y merece la pena la emoción y la aventura que han obtenido al enseñar y aprender el lenguaje de las matemáticas.

Acabamos de decir que ya habrán completado el proceso con todas las tarjetas de puntos, pero eso no es del todo cierto. Todavía queda una tarjeta que no le ha enseñado a su hijo. La hemos guardado para el final porque es una tarjeta especial que a los niños les gusta especialmente.

Se dice que les llevó cinco mil años a los matemáticos de la antigüedad inventar la idea del cero. Tanto si eso es cierto como si no, puede que no le sorprenda saber que una vez que los niños descubren la idea de cantidad, ven inmediatamente la necesidad de que exista la ausencia de cantidad.

A los niños les encanta el cero y nuestra aventura a través del mundo de las cantidades no estaría completa si no incluyéramos una tarjeta del número cero. Esta es muy fácil de preparar: es simplemente una tarjeta de cartulina blanca de 30 por 30 centímetros que no tiene ningún punto.

La tarjeta del cero será un éxito cada vez que la muestre. Ahora podrá utilizar la tarjeta del cero para enseñarle al niño sumas, restas y multiplicaciones, por ejemplo:

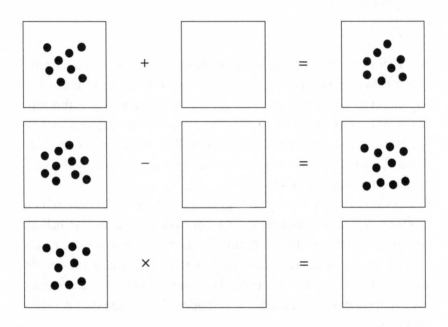

Ahora sí que habremos acabado de enseñarle todas las tarjetas de cantidades que necesitamos. Pero todavía las tarjetas con puntos no han terminado su trabajo. Seguiremos utilizándolas de muchas formas para introducir nuevas ideas matemáticas según vayamos avanzando.

Tras dos semanas de multiplicaciones llegará el momento de pasar a la división. Como el niño ya habrá visto todas las tarjetas con puntos desde el cero hasta el cien, usted podrá utilizarlas todas para las divisiones. Prepare las tarjetas escribiendo divisiones de dos pasos en la parte trasera de bastantes, si no todas, las tarjetas con puntos. Esta es una tarea adecuada para un ayudante matemático; si no tiene uno a mano, utilizar al padre que no se ocupa de la enseñanza de las matemáticas es una buena idea.

En este momento lo que tiene que decirle al niño es: «Seis dividido entre dos es igual a tres».

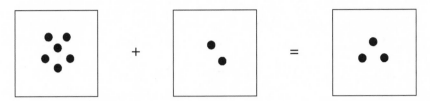

El niño aprenderá lo que significan las palabras «dividido entre» igual que ha aprendido lo que significan las demás palabras. Cada sesión contendrá tres divisiones diferentes. Para este momento esto ya será muy fácil para usted y su hijo.

Después de pasar dos semanas con las divisiones ya habrán completado el segundo paso y estarán preparados para embarcarse en el tercer paso del camino.

CAPÍTULO 10

Cómo enseñar resolución de problemas

TERCER PASO: RESOLUCIÓN DE PROBLEMAS

Sı hasta ahora ha conseguido darle a su hijo todo lo posible y no le ha pedido nada en absoluto, entonces no le habrá hecho ningún «examen» y eso significa que lo está haciendo muy bien.

Hemos hablado mucho de enseñar, pero nada de comprobar los conocimientos. Nosotros aconsejamos encarecidamente que *no* se hagan exámenes o se ponga a prueba de ninguna forma a los niños. A ellos les encanta aprender pero no les gustan las pruebas. En ese sentido se parecen mucho a los adultos. Los exámenes son lo opuesto al aprendizaje. Son una fuente de estrés. Enseñar a un niño es darle un regalo maravilloso, pero si le sometemos constantemente a pruebas, aprenderá más despacio y tendrá menos ganas de seguir haciéndolo. Cuantas menos pruebas le hagamos, más rápido aprenderá y más querrá aprender. El conocimiento es el mejor regalo que le puede hacer a su hijo; proporciónele conocimientos generosamente, igual que hace con los alimentos materiales.

¿Qué es un examen?

En esencia es un intento de averiguar lo que el niño *no* sabe. Es ponerle en el punto de mira diciéndole: «¿Puedes decirle a tu padre la respuesta a esta operación?». Esto es algo que muestra poco respeto por el niño; a él le queda la sensación de que nosotros no nos creeremos que realmente pueda hacer cálculos matemáticos a menos que nos los demuestre.

La intención de los exámenes es negativa: pretenden poner de manifiesto las cosas que el niño no sabe.

El resultado de los exámenes es una reducción del aprendizaje y de las *ganas* de aprender. No ponga a prueba a su hijo ni permita que nadie lo haga.

El objetivo de los padres no es poner a prueba a su hijo; lo que quieren es enseñarle y darle todas las oportunidades posibles para que experimente la alegría de aprender y de lograr lo que se proponga.

Por ello, en vez de poner a prueba al niño, lo mejor que puede hacer es darle oportunidades para resolver problemas.

El propósito de las oportunidades para resolver problemas es que el niño sea capaz de demostrar lo que sabe si él quiere. Es exactamente lo *contrario* a un examen.

En este momento ya estará preparado, no para *examinar* al niño, sino para *enseñarle* que él sabe cómo solucionar problemas (y así usted también verá que puede).

Puede darle al niño una oportunidad muy fácil para resolver un problema enseñándole dos tarjetas con puntos. Digamos que usted elige la del quince y la del treinta y dos. Le muestra las tarjetas al niño y le pregunta: «¿Dónde está el treinta y dos?». El niño tiene la oportunidad de mirar o tocar la tarjeta correcta si quiere. Si el niño mira o toca la tarjeta que tiene treinta y dos puntos, usted estará obviamente encantado y hará una gran celebración. Si mira la otra tarjeta, solo dígale sin dejar de mostrar las tarjetas: «Esto es treinta y dos» y «Esto es quince», siempre con un tono feliz, entusiasta y relajado. Si no responde de ninguna forma a la pregunta, acérquele un poco más la tarjeta del treinta y dos y diga: «Esto es treinta y dos, ¿verdad?» sin abandonar la entonación relajada, entusiasta y feliz. Fin de la oportunidad.

Independientemente de cómo haya respondido, el niño habrá ganado y usted también porque, si permanece feliz y relajado, el niño disfrutará haciendo esa actividad con usted.

Estas oportunidades de resolver problemas se pueden incorporar al final de las sesiones de operaciones. Esto crea un buen equilibrio entre dar y recibir en la sesión, porque empieza con usted dándole tres operaciones a su hijo y termina con una oportunidad de que su hijo resuelva, si quiere, una operación.

Pronto se dará cuenta de que darle a su hijo una oportunidad de elegir un número u otro está bien para empezar, pero que no tardará en llegar el momento en que deberán pasar a oportunidades de elegir respuestas a operaciones. Esto es mucho más divertido para su hijo y también para usted.

Para presentar este tipo de oportunidades de resolución de problemas necesitará de nuevo las tres tarjetas que utilizaba para mostrar una operación y una cuarta tarjeta como alternativa. *No le pida al niño que diga las respuestas;* déle siempre la oportunidad de elegir entre dos respuestas posibles. Los bebés pequeños no hablan o acaban de empezar a hacerlo. Dar una respuesta oral a las situaciones de resolución de problemas es demasiado difícil y a veces imposible para ellos. Incluso los niños que ya están empezando a hablar no suelen querer decir la respuesta oralmente (otro examen), así que déle siempre opciones para elegir la respuesta. Recuerde que ahora no esta intentando enseñarle a hablar, le está enseñando matemáticas. Elegir la respuesta es fácil y muy divertido para él, pero si le exige que hable pronto se mostrará irritado.

Como ya habrán completado todas las tarjetas con puntos y también habrán pasado las fases iniciales de la suma, la resta, la multiplicación y la división, ahora pueden hacer sus sesiones de operaciones más sofisticadas y variadas.

Continúen haciendo tres sesiones de operaciones diarias con tres operaciones diferentes en cada sesión. Pero ahora no hará falta que muestre las tres tarjetas de la operación; en esta fase solo tendrá que mostrar la tarjeta de la respuesta. Así las sesiones serán más rápidas y más fáciles. Solo tiene que decir: «Veintidós dividido entre once es igual a dos» y mostrar la tarjeta del dos a la vez que dice la respuesta. Tan sencillo como eso. El niño ya conoce el «veintidós» y el «once», así que ya no hay necesidad de enseñarle todos los elementos de la operación. Lo cierto es que tampoco hay necesidad de enseñarle la respuesta, pero hemos descubierto que para nosotros los adultos es útil utilizar ayudas visuales cuando enseñamos y parece que los niños también lo prefieren.

Ahora las sesiones de operaciones se compondrán de varias operaciones diferentes, por ejemplo, una suma, una resta y una división.

Este es un buen momento para pasar a las operaciones de tres pasos y ver si el niño también las disfruta. Si ha ido lo bastante rápido con el material, hay muchas posibilidades de que el niño las acepte muy bien.

Solo tiene que sentarse con una calculadora, crear un par de operaciones de tres pasos para cada tarjeta y escribirlas con claridad en la parte posterior. Llegados a este punto, una sesión típica podría ser:

Operaciones: $2 \times 2 \times 3 = 12$
                                $2 \times 2 \times 6 = 24$
                                $2 \times 2 \times 9 = 36$
Resolución de problemas: $2 \times 2 \times 12 = ¿48 ó 52?$

Recuerde que estas sesiones deben seguir siendo muy breves. El niño ahora verá nueve operaciones de tres pasos al día y tendrá una oportunidad de resolver un problema en cada sesión. Para ello usted le dará la respuesta a las tres primeras operaciones de cada sesión y, al final, le proporcionará la oportunidad de elegir, si quiere hacerlo, la respuesta para la cuarta.

Tras varias semanas con estas operaciones habrá llegado el momento de añadir un poco de emoción a las sesiones otra vez. Ahora le va a enseñar a su hijo operaciones del tipo que más le va a gustar.

Empiece con operaciones que combinen la suma y la resta, o la multiplicación y la división. Esto va a poner a su hijo antes dos hechos que le resultarán fascinantes: 1) que la suma y la resta son variaciones de una misma operación y 2) que la multiplicación y la división también lo son.

Restar cualquier número no es más que la suma de la variante negativa de ese número. Por ejemplo, restarle 3 a 7 es lo mismo que sumar −3 a 7. Y dividir es multiplicar por la variante en fracción de ese número. Por ejemplo, dividir 30 entre 5 es lo mismo que multiplicar 30 por 1/5. Pero estas son reglas que no le va a enseñar al niño explícitamente en esta fase del camino de las matemáticas. Ya se ocupará de ellas a su debido tiempo.

Ahora lo que está haciendo es sentar las bases para ese aprendizaje posterior, para que, cuando surjan estos conceptos, sean asimilados con mayor facilidad porque encajarán a la perfección con el material que le está enseñando a su hijo ahora.

En este nuevo paso también puede darle a su hijo la oportunidad de explorar patrones creando grupos de operaciones que estén relacionadas entre sí por un elemento común, por ejemplo:

$$40 + 15 - 30 = 25$$
$$40 + 15 - 20 = 35$$
$$40 + 15 - 10 = 45$$

o

$$7 + 15 + 8 = 30$$
$$7 + 8 + 15 = 30$$
$$15 + 8 + 7 = 30$$

o

$$4 \times 3 \times 5 = 60$$
$$3 \times 5 \times 4 = 60$$
$$5 \times 3 \times 7 = 60$$

o

$$6 \times 14 \div 2 = 42$$
$$6 \div 2 \times 14 = 42$$
$$14 \div 2 \times 6 = 42$$

Seguro que al niño le resultan interesantes las relaciones y los patrones, igual que les pasa a los matemáticos.

Pero hay una advertencia importante que debe tener en cuenta. No mezcle las operaciones básicas, es decir no mezcle sumas/restas con multiplicaciones/divisiones. Si lo hace se pueden producir errores graves que solo se podrán evitar tras aprender la regla sobre el orden de las operaciones Y las razones que hay tras esa regla. Hablaremos de esto más adelante, en otro paso del camino de las matemáticas.

Después de unas cuantas semanas añada otro número a las operaciones que le está enseñando al niño, por ejemplo:

$$56 + 20 - 4 - 4 = 68$$
$$56 + 20 - 8 - 4 = 64$$
$$56 + 20 - 16 - 4 = 56$$

Estas últimas le gustarán especialmente al niño. Estas operaciones de cuatro pasos son muy divertidas para él. Si usted se sentía un poco intimidado al principio por la idea de enseñarle matemáticas a su hijo, ahora seguramente ya está más relajado y disfruta tanto como su hijo de estas operaciones más avanzadas.

Aunque en este momento le estará enseñando al niño operaciones que muestran un patrón, de vez en cuando puede enseñarle tres operaciones sin ninguna relación entre sí, por ejemplo:

$$100 \div 5 \div 4 \div 5 = 1$$
$$1 + 2 + 3 + 4 + 5 = 15$$
$$80 - 40 - 20 + 60 = 80$$

Se quedará asombrado por la velocidad con la que el niño resuelve las operaciones, incluso llegará a preguntarse si tiene poderes paranormales. Cuando un adulto ve a un niño de dos años resolviendo operaciones matemáticas más rápido de lo que puede hacerlo él, piensa que (exactamente en este orden):

1. El niño adivina. Las probabilidades matemáticas de que esté adivinando si acierta prácticamente todas las respuestas son bajísimas.
2. El niño no percibe los puntos, sino que reconoce el patrón en el que aparecen. Eso es una tontería. También reconocerá el número de hombres que hay en un grupo y ¿quién puede hacer que la gente forme un patrón? Además, ¿por qué el adulto no puede reconocer el patrón del setenta y cinco en la tarjeta con puntos del setenta y cinco, cuando el niño lo reconoce con un solo vistazo?
3. Es un truco. Pues ha sido usted quien le ha enseñado. ¿Ha utilizado algún truco?
4. El niño tiene poderes. No, no los tiene; simplemente es muy rápido aprendiendo hechos. Preferiríamos haber escrito un libro que se llamara «Cómo conseguir que su hijo tenga poderes paranormales», porque eso sería todavía mejor que saber matemáticas, pero no podemos escribir ese libro porque no sabemos enseñar poderes paranormales a los niños.

Ahora solo el cielo es el límite. Ya en este punto puede optar por muchas direcciones en lo que respecta a la resolución de problemas porque el niño estará deseando ir a donde usted quiera dirigirle.

Para las madres o padres que necesitan más inspiración, vamos a incluir algunas ideas adicionales:

1. Secuencias.
2. Mayor que y menor que.
3. Igualdad y desigualdad.
4. Personalidad numérica.
5. Fracciones.
6. Álgebra simple.

Puede enseñar al niño todas estas cosas utilizando las tarjetas con puntos y de hecho *debería* hacerlo, porque de esta forma el niño verá la realidad de lo que objetivamente está pasando con las cantidades verdaderas en vez de aprender a manipular símbolos como nos enseñaron a los adultos.

SECUENCIAS

Los matemáticos están fascinados por los resultados que obtienen al observar los números en secuencias. Los matemáticos de la antigua Grecia encontraban paradojas en ciertos tipos de secuencias que nunca pudieron entender. Algunas de ellas llevaron a la invención de algunos de los campos superiores de las matemáticas.

A los niños pequeños, como a otros buenos matemáticos, les encantan las secuencias. Introducir en sus sesiones secuencias que solo incluyan números enteros es muy fácil de hacer con las tarjetas con puntos. Empiece con las más obvias, por ejemplo:

2, 4, 6, 8, 10, 12, 14, 16, 18, 20
5, 10, 15, 20, 25, 30, 35, 40, 45, 50, 55, 60
10, 9, 8, 7, 6, 5, 4, 3, 2, 1, 0

El niño detectará rápidamente el orden y el patrón al ver esas secuencias y los disfrutará. Estas tres primeras son lo que se denomina PROGRESIONES ARITMÉTICAS. Una progresión aritmética puede empezar con cualquier número y tener una cantidad de términos finita o infinita, pero con el niño obviamente solo vamos a utilizar progresiones finitas. Todas estas progresiones tienen una *diferencia constante*, positiva o negativa, entre los términos sucesivos. Las diferencias constantes de las progresiones anteriores son 2, 5 y –1 respectivamente. Puede enseñarle al niño todas las progresiones aritméticas que conforman las tablas de multiplicar de forma ascendente y descendente y seguro que eso le será útil a su hijo a la hora de hacer operaciones de multiplicación.

El otro tipo conocido de secuencia se denomina PROGRESIÓN GEOMÉTRICA. En una progresión geométrica hay una *propor-*

ción constante entre los términos sucesivos. Las siguientes son progresiones geométricas con proporciones de 2, 1/2 y 1/3.

1, 2, 4, 8, 16, 32, 64
80, 40, 20, 10, 5
81, 27, 9, 3, 1

Los niños tienen una capacidad asombrosa para saber qué tarjeta sigue en la secuencia. Después de haberle presentado varias progresiones a su hijo ya podrá darle una oportunidad de resolución de problemas. Muéstrele la secuencia completa como lo haría normalmente y al final pregúntele: «¿Cuál viene ahora» a la vez que le da a elegir entre dos tarjetas, una la que vendría después en la secuencia y la otra una tarjeta al azar.

Más adelante en este camino de las matemáticas introduciremos progresiones más complicadas. Lo que haga ahora con estas secuencias sentará las bases para las fases posteriores.

MAYOR QUE Y MENOR QUE

Seguro que su hijo ya tiene la idea de «mayor que» y «menor que», pero aún le falta aprender el lenguaje que utilizan las matemáticas para describir esto. Puede enseñarle ese lenguaje fácilmente con las tarjetas con puntos.

Para esta tarea tendrá que fabricar dos tarjetas nuevas. Deberán ser de 30 × 30 centímetros y de cartulina blanca, igual que las tarjetas con puntos. Una será la tarjeta del «mayor que» otra la del «menor que» y tendrán más o menos esta apariencia.

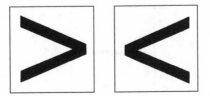

Las sesiones de este tipo serán muy breves porque todo lo que tendrá que hacer es mostrar tres pares de números, por ejemplo: 25 > 5. Ahora en vez de enseñar una tarjeta cada vez, como ha estado haciendo hasta ahora, es mejor que se siente en el suelo con su hijo y ponga cada tarjeta en el suelo a la vez que dice su contenido para que el niño pueda ver las tres tarjetas al mismo tiempo al final. Muéstrele tres pares en cada sesión, como hasta ahora. Después de varios días con esta dinámica incluya una parte de resolución de problemas: ponga en el suelo una tarjeta, la 68 por ejemplo, y al lado la tarjeta del «mayor que» y pregúntele al niño: «¿Qué número va a aquí: el 28 o el 96?».

IGUALDAD Y DESIGUALDAD

La forma de enseñar estos conceptos es muy similar a la que ha utilizado para enseñar «mayor que» y «menor que». Ahora necesitará seis tarjetas nuevas. De nuevo los símbolos matemáticos irán en tarjetas de 30 × 30 centímetros de cartulina blanca, como las anteriores. Utilice un rotulador grande y rojo con la punta de fieltro para dibujar los símbolos de la suma (+), la resta (–), la multiplicación (×), la división (÷), el igual (=) y el «no es igual a» (≠). Escriba estos símbolos de forma clara, grande y con mucho cuidado para que el niño pueda verlos con facilidad. En la parte trasera de cada una de las tarjetas, en la esquina superior izquierda, escriba con lápiz o bolígrafo el mismo símbolo. Esto le servirá para saber qué tarjeta le está enseñando al niño sin tener que estar dándole la vuelta a las tarjetas durante las sesiones para ver qué hay en ellas. Eso distraerá el niño y entorpecerá la enseñanza. Las tarjetas quedarán más o menos así:

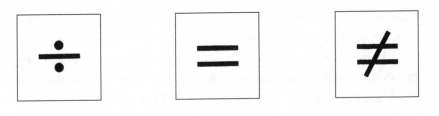

En vez de utilizar tarjetas con puntos sueltas para mostrar el concepto de igualdad y desigualdad al niño, esta vez lo hará con operaciones simples de suma y resta o multiplicación y división, por ejemplo:

$2 + 4 \neq 2 + 5$
$4 + 5 = 3 + 6$
$25 + 4 \neq 25 + 5$

o

$8 - 6 \neq 8 - 7$
$10 - 3 = 8 - 1$
$55 - 10 \neq 50 - 10$

o

$3 \times 5 = 5 \times 3$
$5 \times 4 \neq 2 \times 12$
$5 \times 6 = 10 \times 3$

o

$100 \div 50 = 10 \div 5$
$20 \div 5 \neq 10 \div 2$
$5 \div 1 = 25 \div 5$

Lo mejor es ir colocando las operaciones en el suelo una por una mientras las va haciendo para que el niño acabe viendo la operación completa. Según vaya poniendo cada tarjeta en el suelo, diga: «Dos más dos *no es igual* a dos más cinco» o «cuatro más cinco es *igual* a tres más seis».

El niño en este momento ya está más que listo para ver por primera vez y aprender cómo son estos seis símbolos matemáticos vitales que ya tienen significado para él porque lleva haciendo sumas, restas, multiplicaciones y divisiones durante meses.

PERSONALIDADES NUMÉRICAS

Según le vaya mostrando las tarjetas con puntos, puede que el niño desarrolle un aprecio especial por ciertas tarjetas. Cada combinación de tarjetas tiene su propia calidad estética y los niños también responden a eso. Pero más allá de esas consideraciones, cada número es tan especial que se puede decir que tiene «personalidad». El niño también será perfectamente consciente de eso. En cualquier caso, si usted y su hijo reconocen la singularidad de cada número, su capacidad de tratar con ellos se verá potenciada.

En la primera sección, cuando tratábamos las secuencias, hemos visto varias familias de números: los números pares, los impares, los múltiplos de tres, etc. Un número puede pertenecer a una familia especialmente interesante o a varias familias, y cualquiera de esas cualidades puede hacerlo especial. Otros números son lo que solemos llamar «solitarios» porque pertenecen a muy pocas familias.

El número 12 ha adquirido un valor especial en la historia de la civilización porque, es uno de los números más bajos que pertenece a muchas de las familias más básicas: es múltiplo de 2, de 3 y de 4. Por eso es fácil empaquetar cosas por docenas, de ahí que muchos productos se vendan así. Por ejemplo, los huevos vienen en cajas colocados en tres filas de cuatro huevos o en dos de seis huevos y ambas formas son muy cómodas. Dos veces una docena es el número que hemos elegido para dividir el día en horas. Obtendremos el número total de horas de un día si multiplicamos los cuatro primeros números (1 por 2 por 3 y por 4). Por ello el día se puede dividir fácilmente en dos periodos de doce horas, en tres de ocho (como los turnos de trabajo), o en ciclos más cortos de seis, cuatro, tres o dos horas.

Sesenta, es decir, cinco docenas, es el número más bajo que forma parte de cinco de las familias más básicas: es múltiplo de 2, 3, 4, 5 y 6. Eso lo hace múltiplo también de 10, 12, 15, 20 y 30. Por eso las matemáticas babilonias, y más tarde las mayas, se basan en el número 60. También esa es la razón de que dividamos una hora en 60 minutos y cada minuto en 60 segundos.

Algunos números son cuadrados. Nueve bloques forman un cuadrado y un tablero de tres en raya. El tablero de ajedrez tiene 64 escaques, otro número cuadrado. 4, 16, 25, 36, 49, 81 y 100 son otros números cuadrados que su hijo ya ha visto y *puede* que haya organizado mentalmente los puntos de algunas de esas tarjetas en patrones cuadrados. Fíjese en los cartones de huevos apilados en el supermercado y verá lo útil que es que 36 sea un número cuadrado.

Hay otros tipos de reorganización mental que es posible que haya hecho el niño. Algunos números son triangulares. Si coloca dos céntimos y después un céntimo (1 + 2) sobre una mesa de forma que todos se toquen, lo que se formará es un triángulo. Coloque otros tres en fila bajo los anteriores y después otra fila con cuatro y se dará cuenta de que 1 + 2 + 3 + 4 = 10 también forman otro triángulo. Deje que el niño descubra los siguientes números que pertenecen a esta familia (se dará cuenta de que 36 es un número triangular y cuadrado a la vez).

Siete es un número hexagonal. Rodee un solo céntimo con otros seis de forma que todos se toquen y verá el patrón. ¿Cuáles son los otros números hexagonales? ¿Puede encontrar el número que es hexagonal y cuadrado a la vez?

El siete además es miembro de otra familia muy interesante: la de los números primos. Los primos son números que no pueden colocarse de ninguna forma en filas iguales. Los tres números primos más bajos con 2, 3 y 5. A algunos niños no les gustan los números primos, mientras que a otros les encantan. Sesenta, el número que adoraban los babilonios y los mayas, se puede colocar en dos filas de treinta, tres filas de veinte, cuatro filas de quince, cinco filas de doce o seis filas de diez. Pero los números primos como el 7, el 11 o el 13 no pueden colocarse así. Tal vez por eso Betsy Ross colocó las trece estrellas de la primera bandera de los Estados Unidos formando un círculo.

Puede que haya notado la personalidad de estos números o de otros asomando en alguna de las aventuras matemáticas en las que se ha embarcado con su hijo al enseñarle igualdades, desigualdades u otras operaciones. Ver los números de esta forma puede servirle también para relacionar las matemáticas con la vida cotidiana.

Para empezar a notar la personalidad de un número, escoja uno y concéntrese en él hasta que haya agotado todas las posibilidades. Por ejemplo el número 1:

$$1 + 0 = 1$$
$$1 \times 1 = 1$$
$$1 \div 1 = 1$$
$$1 - 0 = 1$$

$$2 - 1 = 1$$
$$3 - 2 = 1$$
$$4 - 3 = 1$$
$$10 - 9 = 1$$

$$2 \div 2 = 1$$
$$3 \div 3 = 1$$
$$4 \div 4 = 1$$
$$10 \div 10 = 1$$

$$2 \times 1/2 = 1$$
$$3 \times 1/3 = 1$$
$$4 \times 1/4 = 1$$
$$5 \times 1/5 = 1$$

O el número 12:

$$12 + 0 = 12$$
$$12 \times 1 = 12$$

$12 \div 1 = 12$
$24 - 12 = 12$

$13 - 1 = 12$
$14 - 2 = 12$
$15 - 3 = 12$
$16 - 4 = 12$
$2 \times 6 = 12$
$3 \times 4 = 12$
$2 \times 2 \times 3 = 12$

$24 \div 2 = 12$
$36 \div 3 = 12$
$48 \div 4 = 12$
$60 \div 5 = 12$

$3 + 3 + 3 + 3 = 12$
$4 + 4 + 4 = 12$
$6 + 6 = 12$
$10 + 2 = 12$

$1/2$ de $24 = 12$
$1/3$ de $36 = 12$
$1/4$ de $48 = 12$
$1/5$ de $60 = 12$

En el apéndice de este libro encontrará operaciones que puede escribir en la parte posterior de las tarjetas con puntos para ayudarle a empezar.

Cuando usted y su hijo comiencen a meterse en el espíritu de buscar las características únicas de cada número, es posible que el niño haga sus propias propuestas de operaciones que den como resultado doce (o el número que estén utilizando).

Es una buena idea tener a mano monedas o fichas de póquer, por ejemplo. Así usted y su hijo podrán usarlas para descubrir qué patrones se pueden formar con el número doce, por ejemplo.

En este punto una sesión consistirá en cuatro operaciones relacionadas, como por ejemplo:

$1 + 0 = 1$
$1 - 0 = 1$
$1 \times 1 = 1$
$1 \div 1 = 1$

Tenga cuidado porque, una vez que empiecen con este juego, usted y su hijo querrán encontrar todas las posibilidades de un número. Nada se lo impide, pero no quieran hacerlo en una sola sesión.

Otra sesión puede consistir en sacar doce fichas de póquer y experimentar con los diferentes patrones que los dos juntos pueden formar.

FRACCIONES

También es muy fácil introducir las fracciones con las tarjetas con puntos. Obviamente tendrá que escoger fracciones que pueda mostrar con las tarjetas que van del cero al cien, pero eso ya le da muchísimas posibilidades.

Todo lo que necesita hacer para enseñar fracciones es lo siguiente; simplemente dígale a su hijo: «Un décimo de diez (a la vez que le enseña la tarjeta del diez) es igual a uno (y le muestra la tarjeta del uno)», es decir,

1/10 de   =

Una sesión típica sería así:

1/3 de 3 = 1
1/3 de 6 = 2
1/3 de 9 = 3

Así de fácil.

ÁLGEBRA SIMPLE

A menos que las matemáticas fueran su asignatura favorita en el colegio, probablemente lo que mejor recordará será su última clase de álgebra, porque en aquel momento creyó (incorrectamente como se demuestra ahora) que nunca más volvería a tener que hacer álgebra. Le sorprenderá y le encantará descubrir que esta segunda vez que se va a enfrentar al álgebra resultará ser, no solo mucho más fácil que la anterior, sino que se lo pasará infinitamente mejor con esta parte de las matemáticas. Para empezar con el álgebra con su hijo lo primero que debe hacer es introducir la idea de una cantidad variable representada por una letra. La letra que normalmente se utiliza es la «x», pero como se puede confundir con el símbolo de la multiplicación, en este caso recomendamos que utilice la «y».

Antes de comenzar tendrá que fabricar la tarjeta con la «y» con un trozo de cartulina blanca de 30 × 30 centímetros. Una vez hecha ya estará listo para mostrarle a su hijo la primera operación de álgebra. Podría ser esta:

$$5 + y = 7$$

Coloque en el suelo la tarjeta con cinco puntos, después la del signo más, la tarjeta de la «y», el signo igual y la tarjeta con siete puntos a la vez que va nombrando en voz alta cada una de ellas.

Después haga la pregunta: «¿Qué hay que poner en la «y»?».
Y respóndala usted mismo: «En esta ecuación en la «y» hay que
poner dos».

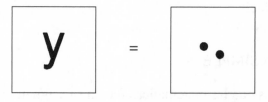

Una vez que le haya dado la oportunidad a su hijo de ver bastantes ecuaciones de este tipo ya puede dejar que él intente resolver una «y» poniéndole delante dos opciones y dejándole escoger
la respuesta que él crea.

No parece muy difícil, ¿verdad? Seguro que, según se vaya
reconciliando con las matemáticas mediante estas oportunidades
de resolución de problemas, irá descubriendo que no es tan mal
matemático como creía. De hecho es posible que usted hubiera
sido un *gran* matemático si hubiera tenido un profesor tan bueno
como el que tiene su hijo.

Capítulo 11

Cómo enseñar los numerales

CUARTO PASO: LOS NUMERALES

ESTE paso es extremadamente fácil. Ha llegado el momento en que puede empezar el proceso de enseñarle a su hijo los numerales, es decir, los números que representan los valores o cantidades verdaderas que el niño ya conoce tan bien.

Ahora necesitará hacer un grupo de tarjetas con numerales. Lo mejor es hacer la secuencia completa del cero al cien. De nuevo deberá hacer las tarjetas con cartulina blanca de 30 × 30 centímetros y escribir los numerales con un rotulador grande y rojo con punta de fieltro. Los numerales deben ser muy grandes, de unos quince centímetros de alto y siete de ancho, como mínimo. Asegúrese de hacer los trazos anchos para que los números sean gruesos, como si estuvieran en negrita.

Escriba los números siempre de la misma forma. El niño necesita que la información visual sea fiable y constante. Eso le ayudará mucho.

Escriba siempre el número al que corresponde la tarjeta en la parte posterior, en la esquina superior izquierda. Así cada vez que le muestre la tarjeta al niño sabrá que el numeral está en posición correcta. En las tarjetas con puntos esto no importaba porque las cantidades no tienen posición correcta (no se pueden mostrar bocarriba o bocabajo; los números sí); de hecho es mejor enseñar las tarjetas con puntos de todas las maneras posibles, una diferente cada vez. Por eso en ellas numeró las cuatro esquinas de la parte posterior, no solo la superior izquierda. En las tarjetas con numerales escriba el número en la esquina superior izquierda de la parte de atrás con un tamaño que le resulte fácil de ver y de leer. Puede hacerlo con lápiz o con bolígrafo.

Las tarjetas con los numerales deben ser así:

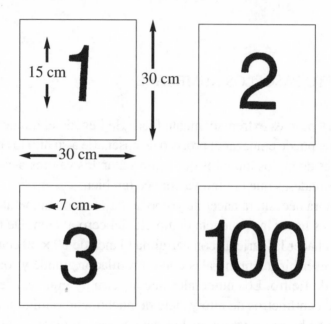

A veces los padres y las madres usan plantillas para hacer las tarjetas. Esto hace que las tarjetas sean preciosas, pero invierten una cantidad de tiempo indecente. Las madres y los padres deben elegir con mucho cuidado lo que hacen con su tiempo porque su tiempo es precioso. Es más aconsejable que encuentre medios rápidos y eficientes para fabricar sus tarjetas porque va a necesitar hacer *muchas* en el futuro. La claridad y la legibilidad son mucho más importantes que la perfección. En ocasiones las madres que realizan las sesiones descubren que los padres hacen muy bien las tarjetas y así ellos también pueden echar una mano con el programa de matemáticas.

En esta fase del programa diario estarán haciendo tres sesiones de operaciones al día con algo de resolución de problemas al final de cada sesión. Ya hará mucho tiempo que habrán terminado con las seis sesiones que necesitaban al principio para enseñar las tarjetas con puntos, pero ahora empezará a enseñarle al niño los numerales de la misma forma que le enseñó las cantidades con las tarjetas con puntos varios meses atrás.

Tendrá dos grupos de tarjetas con numerales con cinco tarjetas en cada grupo. Empiece con un grupo del 1 al 5 y otro del 6 al 10. La primera vez se los mostrará en orden, pero las siguientes los mezclará siempre para que la secuencia sea impredecible.

Igual que meses atrás, cada día retirará los numerales más bajos y añadirá los dos siguientes. Asegúrese de que cada grupo tenga al menos una tarjeta nueva al día y procure evitar que un grupo tenga dos tarjetas nuevas y el otro ninguna con respecto al día anterior.

Muéstrele cada grupo tres veces al día. Tenga en cuenta que el niño aprenderá estas tarjetas a una velocidad supersónica, así que prepárese para ir aún más rápido si es necesario. Si se da cuenta que está perdiendo la atención y el interés de su hijo, introduzca más material nuevo; en vez de retirar dos tarjetas al día, retire tres o cuatro e introduzca otras tantas nuevas.

Puede que en esta fase le parezca que tres veces al día es una frecuencia demasiado alta. Si el niño mantiene el interés durante las dos primeras sesiones del día, pero se distrae o se escapa durante la tercera, pase a hacer las sesiones solo dos veces al día.

En todo momento debe estar pendiente de la atención, el interés y el entusiasmo del niño. Estos elementos, si los observa con atención, le resultarán herramientas muy valiosas para organizar y reorganizar el programa diario para que se adapte a las necesidades del bebé mientras él va cambiando y desarrollándose.

Le llevará, como mucho, cincuenta días completar todos los numerales del cero al cien (seguramente le llevará bastantes menos).

Una vez que lleguen al 100 ya puede empezar a enseñarle números superiores a cien. Al niño le fascinará ver numerales como 200, 300, 400, 500 o 1000. Después vuelva atrás y muéstrele ejemplos como 210, 325, 450, 586 o 1830. No tiene que enseñarle todos los números posibles; eso aburrirá mortalmente al niño. Ya le ha enseñado lo básico sobre el reconocimiento de numerales al enseñarle del cero al cien; ahora sea aventurero y muéstrele una amplia variedad de numerales distintos.

Cuando ya le haya enseñado los numerales de cero a veinte habrá llegado el momento de dar el paso de relacionar los símbolos con los puntos. Hay multitud de formas de hacer esto. Una de las más fáciles es volver a las igualdades y desigualdades y el mayor y menor que utilizando tarjetas con puntos y tarjetas con numerales.

Coja la tarjeta con puntos del diez y póngala en el suelo. Después coloque el signo «no es igual a» y la tarjeta con el numeral 35 y diga: «Diez no es igual a treinta y cinco». Una sesión será así:

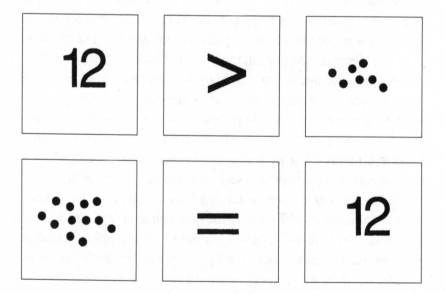

Según avance con las tarjetas con numerales vaya incorporando a este juego todas las tarjetas con numerales y con puntos que le apetezca. A los niños les gusta participar y hacer sus propias combinaciones utilizando las tarjetas con puntos y con numerales.

Aprender los numerales será un paso muy simple para su hijo. Disfrútelo pero enséñeselo rápido para que puedan pasar al quinto paso lo antes posible.

QUINTO PASO: OPERACIONES CON NUMERALES

El quinto paso es realmente una repetición de todo lo anterior. Recapitula todo el proceso de sumas, restas, multiplicaciones, divisiones, secuencias, igualdad y desigualdad, mayor y menor que, raíces cuadradas, fracciones y álgebra simple.

Ahora va a necesitar un buen suministro de cartulina cortada en tiras de 45 centímetros de largo por 10 de ancho. Estos trozos de cartulina los usará para hacer tarjetas con operaciones utilizando numerales. En esta fase le recomendamos que pase de utilizar un rotulador con la punta de fieltro rojo a uno negro. Los numerales que va a escribir ahora serán más pequeños que antes y el negro produce mejor contraste que el rojo para elementos más pequeños. Los numerales serán de unos 5 centímetros de alto por 2,5 de ancho.

Las primeras tarjetas serán así:

25 + 5 = 30

18"	45 cm
4"	10 cm
2"	5 cm
1"	2,5 cm

Ahora vuelva al segundo paso del camino y siga las instrucciones, solo que esta vez utilizará las nuevas tarjetas con operaciones con numerales en vez de las tarjetas con puntos. Cuando haya completado el segundo paso, siga con el tercero.

Para el tercer paso necesitará fabricar materiales adecuados para la resolución de problemas. Ahora haga unas cuantas tarjetas que no tengan las soluciones escritas y utilice las tarjetas con numerales sueltos para darle al niño las opciones de respuesta. Para que usted no se pierda durante la sesión será más fácil si escribe el problema y su respuesta en la esquina superior izquierda de estas tarjetas de resolución de problemas.

25 + 5

25 + 5 = 30 (parte trasera)

A continuación incluimos algunos ejemplos para que vea la apariencia que tendrán los materiales para estas nuevas operaciones que ya habrá hecho antes con las tarjetas con puntos.

Restas

$30 - 12 = 18$
$98 - 2 - 10 = 86$
$100 - 23 - 70 \neq 0$

Multiplicaciones

$3 \times 5 = 15$

$14 \times 2 \times 3 = 84$

$115 \times 3 \times 2 \times 5 \neq 2500$

Divisiones

$84 \div 28 = 3$

$192 \div 6 \div 8 = 4$

$96 \div 12 = 8$

$458 \div 2 = 229$

Siga utilizando numerales de 5 centímetros de alto mientras su hijo esté cómodo con ese tamaño. Cuando avance un poco en esta fase del programa puede empezar el proceso de ir haciendo los números más pequeños. Si empieza a hacer los numerales pequeños demasiado pronto, perderá el interés y la atención del niño.

Tras reducir gradualmente el tamaño del numeral hasta llegar a 2,5 centímetros tendrá más espacio en las tarjetas para escribir operaciones más largas y más sofisticadas. Como parte del programa de resolución de problemas puede que en este punto el niño quiera elegir los numerales y los símbolos (=, ≠, +, −, ×, ÷) y hacer sus propias operaciones para que las solucione usted. ¡Tenga la calculadora a mano porque puede necesitarla!

RESUMEN

Cuando hayan completado los cinco pasos del camino de las matemáticas habrán llegado al fin del principio de la aventura con las matemáticas de su hijo, que durará toda su vida. El niño ha tenido una introducción al mundo de la aritmética tremendamente divertida y habrá aprendido cuatro verdades básicas pero vitales de las matemáticas.

Primera: ha aprendido las cantidades. Así podrá diferenciar muchas cantidades entre sí.

Segundo: habrá aprendido cómo juntar y separar diferentes cantidades tras ver cientos de combinaciones y permutaciones de cantidades diferentes.

Tercero: habrá aprendido que hay unos símbolos que utilizamos para representar la realidad de cada una de las cantidades y sabrá leer esos símbolos.

Y por último y más importante: conocerá la diferencia entre la realidad de la cantidad y los símbolos que hemos elegido arbitrariamente para representar esa cantidad.

La aritmética solo será el fin del principio para él, porque ahora será capaz de saltar con gran facilidad, y siempre pasándoselo bien, de la simple mecánica de la aritmética a el mundo creativo de las matemáticas superiores, mucho más fascinante. Un mundo de pensamiento, razonamiento y lógica, no solo de cálculos predecibles; una genuina aventura en la que puede descubrir cosas nuevas todo el tiempo.

Por desgracia, este es un mundo en el que muy pocos han entrado. La amplia mayoría de nosotros escapamos de las matemáticas en cuanto pudimos, mucho antes de si quiera llegar a vislumbrar el excitante mundo de las matemáticas superiores. Hasta el momento se ha considerado un reducto cerrado en el que solo unos pocos afortunados podían entrar. La aritmética, en vez de ser el trampolín que nos lanza hacia las matemáticas superiores, ha sido la puerta cerrada que no nos ha permitido el acceso a ese lenguaje maravilloso.

Todos los niños deberían tener derecho a dominar ese lenguaje. Y usted acaba de conseguirle a su hijo un pasaporte para ello.

CAPÍTULO 12

La edad perfecta para empezar

No es posible aprender más joven.

WILLIAM RICKER EN 1890

USTED ya comprende los pasos básicos del camino de las matemáticas. Estos pasos se aplican sea cual sea la edad del niño. Pero cómo empezar el camino con el niño y en qué pasos tendrá que hacer hincapié dependerán de la edad que tenga el niño cuando empiecen el programa de matemáticas.

El camino que hemos descrito es el que hay que seguir y estamos seguros de que funciona. Pero debe tener en cuenta que un recién nacido no tiene nada que ver con un niño de dos años, aunque los pasos del camino y la secuencia que siguen es la misma independientemente de la edad del niño.

En este capítulo vamos a destacar los detalles que mejorarán su programa de matemáticas y le permitirán lograr el éxito con mayor facilidad sin importar qué edad tenga el niño cuando empiece el programa.

Puede que ahora sienta la tentación de leer y estudiar solo la sección que habla de la edad que su hijo tiene en este momento. Pero es importante que comprenda todos los puntos que se tratan en este capítulo para que, cuando el niño vaya creciendo y desarrollándose, usted sepa cómo cambiar y reorganizar el programa.

El recién nacido

Si quiere empezar justo después del nacimiento es importante que al principio el programa no sea de matemáticas, sino de estimulación visual.

En el contexto de nuestro camino de las matemáticas digamos que el recién nacido necesita un paso *antes* del primer paso. Podríamos llamarlo el *paso cero*, porque lo necesitará antes de ponerse manos a la obra con el primer paso del programa. El paso cero es un programa de *estimulación visual*.

Tras el nacimiento el niño solo puede ver luz y oscuridad. Todavía no distingue los detalles. En las primeras horas de vida empezará a ver vagamente siluetas durante periodos breves. Según vaya teniendo oportunidades de ver lo que le rodea, su capacidad para distinguir contornos se verá estimulada y empezará a ver algunos detalles muy toscamente y durante periodos *muy* breves. En esta fase ver los contornos ya es un esfuerzo para el bebé; ver detalles, una gran hazaña. Pero son esfuerzos que está deseando hacer porque tiene una poderosa necesidad de ver.

Lo primero que ven realmente los recién nacidos es la sombra oscura de la cabeza de su madre moviéndose ante la luz que sale de una ventana soleada. Cuantas más oportunidades tenga el niño de ver este contraste de una silueta negra contra un fondo bien iluminado, más mejorará su visión.

Una vez que pueda ver los contornos empezará a buscar detalles dentro de esos contornos. Los ojos, la nariz y la boca de la madre son los detalles que distingue primero.

Pero en el propósito de este libro no entra describir en detalle el crecimiento y el desarrollo de las vías visuales del recién nacido. Solo queremos destacar que mostrarle a un recién nacido tarjetas de cantidades no es útil a la hora de estimular y desarrollar su capacidad para ver el detalle. *Esta capacidad es resultado de la estimulación y la oportunidad, no es cuestión de que suene una alarma predeterminada y hereditaria y de repente ocurra, como se creía anteriormente.*

El recién nacido al que se le presente la oportunidad de ver los contornos y los detalles desarrollará estas capacidades a mayor velocidad y pasará más rápido de ser ciego, como es en el momento del nacimiento, a ser capaz de ver bien sin esfuerzo.

Este programa de estimulación visual es extremadamente fácil y totalmente lógico. Le habla al niño desde el nacimiento, ¿verdad? De hecho seguro que le ha estado hablando durante los nueve meses anteriores al parto. Y nadie cuestiona que tenga sentido hablarle a un niño recién nacido. Todos reconocemos que los bebés tienen el derecho de nacimiento de oír su lengua. Pero la lengua hablada es una abstracción. Se diría que el lenguaje oral no es más abstracto que el lenguaje escrito, pero la verdad es que el primero es mucho más difícil de decodificar para un niño pequeño que el segundo. Un principio básico de toda enseñanza es ser constante, y es muy difícil hacer que la lengua hablada sea constante: primero le decimos al bebé: «¿*Cómo* estás hoy?» poniendo el énfasis en el «cómo», y más tarde le preguntamos: «¿Cómo *estás* hoy?» o «¿Cómo estás *hoy*?». Hemos dicho las mismas palabras tres veces, pero ¿estamos diciendo exactamente lo mismo? Para la vía auditiva inmadura del niño esto son tres cosas distintas, porque cada una tiene un énfasis diferente y el niño siempre buscará las similitudes y diferencias entre las cosas que oye.

Ahora reflexionemos sobre las ventajas de la vía visual. Cogemos una tarjeta grande y blanca con tres puntos rojos. Se la mostramos al bebé y decimos: «Tres». Le enseñamos esa tarjeta varias veces a lo largo del día. Para el recién nacido, cada vez que ve la tarjeta le parece idéntica a la que ha visto antes. De hecho le parece la misma porque *es* la misma. El resultado es que aprende esto con mucha más rapidez y facilidad por la vía visual de lo que lo hará por la vía auditiva.

Por todo ello, en este paso debe empezar con las tarjetas con puntos. Lo mejor es hacerlo con las tarjetas del uno al siete.

Como está enseñando a un recién nacido, los puntos tienen que ser muy grandes. Utilice cartulinas de 40 × 40 centímetros y puntos de 4 centímetros de diámetro. Puede dibujar círculos de ese tamaño (o mayores si lo prefiere) y colorear el interior con un rotulador de punta de fieltro. El niño se está esforzando por ver los contornos, así que es mejor que sean puntos negros sobre cartulina blanca; en esta fase le resultará más fácil ver el negro que el rojo. Y los puntos deben ser *muy gruesos y muy negros* para que el niño se vea expuesto a la intensidad apropiada. Recuerde que esto es, por encima de todo, estimulación visual.

Si va a empezar justo después del nacimiento o poco después, lo mejor será empezar con la tarjeta con un punto, la tarjeta del uno. Mientras acuna al bebé en sus brazos ponga la tarjeta a unos cuarenta y cinco centímetros de él, diga «uno» y espere mientras sostiene la tarjeta. Verá cómo el niño se esfuerza por enfocar la tarjeta. Cuando vea que lo ha conseguido vuelva a decir «uno», esta vez más alto y más claro. Él volverá a intentar enfocar durante un segundo o dos. Ya puede apartar la tarjeta.

Como el recién nacido no puede distinguir los contornos o los detalles, existe la tentación de barrer su campo de visión con la información visual para intentar captar su atención. Recuerde que el niño tiene una atención excelente, pero no ve bien. Si barre el espacio que hay delante de él con la tarjeta, tendrá que intentar fijarse en un objeto en movimiento, lo que es mucho más difícil que fijarse en un objeto estático. Por eso tiene que mantener la tarjeta quieta y darle el tiempo que necesita para verla. Al principio le llevará diez o quince segundos o incluso más, pero se dará cuenta de que cada día se reduce el tiempo que necesita para ver la tarjeta y fijarse en ella brevemente.

Su capacidad de localizar la tarjeta y fijarse en ella será producto de cuántas veces se la muestre usted. Cada vez será más fácil que la anterior.

Es muy importante que haya muy buena iluminación. La luz debe estar dirigida hacia la tarjeta, nunca hacia los ojos del bebé. La iluminación debe ser mucho mejor de la que considera una luz de ambiente adecuada para usted o para mí.

Con esta actividad estará acelerando y mejorando increíblemente el proceso de desarrollo de la visión del bebé desde la capacidad tosca de ver solo luces a la más sofisticada de reconocer la sonrisa de su madre al otro lado de la habitación.

El primer día muéstrele la tarjeta del uno. Enséñesela diez veces al día. Si puede enseñársela más veces, mejor. Muchos padres y madres tienen las tarjetas en el lugar donde cambian el pañal al niño. Cada vez que van a cambiarle, aprovechan la oportunidad para mostrarle la tarjeta. Es una táctica que funciona muy bien.

El segundo día enséñele la tarjeta del dos diez veces. Durante siete días, elija cada día una tarjeta con puntos diferente y muéstresela diez veces. Eso significa que para el final de la semana ya le habrá enseñado las tarjetas del uno al siete.

Al principio de la semana siguiente vuelva a la tarjeta del uno y enséñesela de nuevo diez veces. Repita el proceso durante tres semanas. De esta forma el bebé verá, por ejemplo, todos los lunes la tarjeta del uno diez veces.

Si empezó tras el nacimiento, para este momento su bebé de tres semanas ya podrá centrarse en las tarjetas con puntos con más rapidez. De hecho, en cuanto le enseñe la tarjeta, el niño ya mostrará inmediatamente signos de alegría y anticipación moviendo las piernas y meneando el cuerpecito. Cuando esto ocurra, será un momento muy emocionante para usted, porque se dará cuenta de que el bebé no solo está viendo, sino que está comprendiendo lo que ve y, lo que es más importante, está disfrutando mucho de la experiencia. Este programa de estimulación visual cada día será más fácil para el niño y su capacidad para ver y enfocar los detalles se irá desarrollando.

En las primeras fases de desarrollo de la visión notará que la capacidad visual del recién nacido varía a lo largo del día. Cuando esté descansado y alimentado utilizará sus capacidades visuales mucho, pero se cansará muy rápido. Cuando tenga sueño, no querrá poner en funcionamiento su visión y verá muy poco. Cuando tenga hambre, pondrá toda su energía en convencerle de que le dé de comer. Por eso debe escoger el momento correcto para mostrarle las tarjetas. Aprenderá pronto a predecir cuáles son los mejores momentos y a evitar los periodos en que tenga sueño o hambre. Algunas veces puede que no se encuentre bien durante algunos días; eso hará que esté irritable y enfadado casi todo el tiempo. No le muestre las tarjetas en esos días, espere a que vuelva a estar sano y feliz. Después empiece exactamente donde lo dejó; no es necesario que vuelva atrás ni que vuelva a empezar.

Después de enseñarle las primeras siete tarjetas durante tres semanas, coja las del ocho al catorce y vuelva a repetir el proceso hasta que el bebé vea los detalles con facilidad y continuidad.

Los bebés promedio, que reciben estimulación sin ninguna organización, no conseguirán esto hasta las doce semanas, o incluso después. Su bebé, que está recibiendo un programa organizado de estimulación visual, puede lograrlo entre las ocho y las diez semanas.

Las madres y los padres son los que mejor saben cuándo los bebés ya ven con facilidad. Cuando lo logre, el bebé ya reconocerá a su madre sin dificultad y responderá instantáneamente a su sonrisa sin necesidad de apoyos auditivos o táctiles. El bebé ya estará utilizando su visión casi todo el tiempo. Solo en momentos de fatiga extrema o enfermedad dejará de utilizarla.

Conseguido esto, ya habrán completado el paso cero, las vías visuales del bebé ya estarán desarrolladas y el niño estará listo para empezar con el primer paso. Pueden empezar el camino de las matemáticas y seguir el programa que hemos descrito anteriormente (en el Capítulo 7).

Como el bebé ha estado viendo tarjetas con unos puntos muy grandes con cantidades del uno al catorce durante un mes o dos, ahora le resultará muy fácil pasar a los dos grupos de cinco tarjetas tres veces al día.

En este punto el programa cambia de marcha para pasar de un programa lento y deliberado de estimulación visual a un programa de matemáticas más rápido. El bebé asimilará el reconocimiento de cantidades a una velocidad sorprendente, la misma a la que está aprendiendo su idioma a través del oído.

Empezar el programa con un niño de entre tres y seis meses

Si va a empezar con el programa de matemáticas con un niño de entre tres y seis meses, tendrá que concentrarse en los dos primeros pasos del camino de las matemáticas. Esos pasos serán el corazón de su programa.

Las dos cosas más importantes que debe recordar son:

1. Muestre las tarjetas con puntos muy rápidamente.
2. Añada tarjetas nuevas muy a menudo.

Lo más maravilloso de los bebés es que son verdaderos intelectuales; aprenden cualquier cosa con una imparcialidad total y sin sesgo de ningún tipo. Aprenden por el placer de aprender, sin ninguna atadura. Claro que su supervivencia depende de esta característica, pero es una característica admirable en sí misma y no lo es menos porque esté vinculada a la supervivencia.

Los bebés son el tipo de intelectuales que todos querríamos ser pero que pocos son. Les encanta cualquier cosa que puedan aprender. Es una suerte para ellos *y* para nosotros tener la oportunidad de enseñarles.

Entre los tres y los seis meses un bebé absorbe el lenguaje a una velocidad asombrosa y ya ve bien, así que es capaz de entender el lenguaje hablado sin ninguna dificultad siempre y cuando le transmitamos la información *alta y clara,* y puede asimilar el lenguaje escrito siempre y cuando los caracteres sean *grandes y claros.* El objetivo es que el contenido de las tarjetas de matemáticas sea grande y de trazo grueso para que el bebé pueda verlo con facilidad.

En esta fase el bebé ya utiliza sonidos para comunicarse, pero pasarán meses antes de que sea capaz de codificar esos sonidos en forma de palabras, frases y párrafos. En términos adultos el bebé todavía no puede hablar. Tiene unas vías sensoriales excelentes para recopilar información, pero todavía no ha desarrollado las vías motoras lo suficiente para devolver esa información en una forma que pueda entenderse.

Seguro que alguien le pregunta cómo le puede estar enseñando matemáticas a su bebé si todavía no puede hablar.

El bebé aprende matemáticas con el uso de las vías visuales y auditivas, no con el uso del habla. El habla es una forma de transmisión de la información, una vía de salida, mientras que el aprendizaje es por definición el proceso de asimilación de nueva información; aprender es un proceso de entrada, no de salida.

Aprender a reconocer cantidades es un proceso de asimilación del lenguaje de las matemáticas representado visualmente. El habla, por el contrario, es el proceso de transmisión oral de la lengua. Reconocer cantidades y aprender a leer numerales son capacidades sensoriales, igual que la audición. Hablar es una capacidad motora, igual que escribir; hablar y escribir requieren habilidades motoras que el bebé todavía no tiene. El hecho de que el niño sea demasiado pequeño para hablar y nombrar las tarjetas de matemáticas no es impedimento para que su lenguaje pueda aumentar y enriquecerse gracias a que usted le está enseñando matemáticas. De hecho esos esfuerzos *aceleran* su capacidad para hablar y amplían su vocabulario. Recuerde que la lengua es la lengua, tanto si se trasmite al cerebro por el oído como por la vista.

A un niño de cuatro meses le es imposible nombrar las tarjetas con puntos en voz alta, lo que es una suerte para él porque así nadie le pedirá que lo haga. Así podrá «leer» sus tarjetas con puntos en silencio, con rapidez y eficacia.

A esta edad un niño es un verdadero devorador de información. Seguramente le pedirá más de la que usted le puede dar. Cuando empiecen con el programa de matemáticas se dará cuenta de que él siempre pide más al final de cada sesión. Resista la tentación de repetir las tarjetas que ya han hecho o de empezar con un nuevo grupo. Si le deja, el niño será capaz de absorber mucha información más de la que le está enseñando a diario y aún así seguirá demandando más. Podrá enseñarle muchos grupos de tarjetas completos a un niño de tres o cuatro meses durante un tiempo, pero esté preparado para cambiar en un futuro cercano porque se verá obligado a hacerlo.

Recuerde que es un genio lingüístico; prepárese para alimentarlo con mucha información nueva.

Empezar el programa con un niño de entre siete y doce meses

Si va a empezar con un niño de entre siete y doce meses las dos cosas más importantes que debe tener en mente son:

1. Las sesiones deben ser *muy* breves.
2. Realice sesiones muy a menudo.

Un niño de cuatro meses querrá ver los dos grupos de tarjetas con puntos en una sola sesión, uno detrás de otro, pero si intenta hacer eso con un niño de entre siete y doce meses será un desastre. Utilice solo un grupo de tarjetas con puntos en una sesión y después retírelas.

La razón es muy simple. Cada día aumentará la movilidad del bebé. A los tres meses todavía es relativamente sedentario. Es un observador. Puede estar mirando las tarjetas durante periodos largos. A los adultos nos encanta y por eso adquirimos el hábito de enseñarle *todas* las tarjetas en una sesión. Nos acostumbramos a esta rutina porque es fácil para nosotros. Pero cada día el bebé cambia y adquiere mayor movilidad. En cuanto empiece a gatear se abrirá un nuevo mundo de posibilidades para él. Es como si ahora tuviera carné de conducir: estará deseando usarlo para explorar. De repente, ese niño sedentario que veía cincuenta tarjetas al día sin quejarse ha dejado de ser sedentario. Ya no tiene tiempo para las matemáticas. Pierde el interés. ¿Qué hemos hecho mal? Será que ya no le gustan las matemáticas. Y frustrados, abandonamos el programa.

Seguramente el bebé también está frustrado; se lo estaba pasando tan bien aprendiendo matemáticas y de repente las tarjetas con puntos y las operaciones han desaparecido. No es que hayan dejado de gustarle las matemáticas, es que su día se ha llenado de otras cosas. Ahora tiene toda una casa que explorar: todos esos armarios de la cocina que abrir y cerrar, tantos enchufes que investigar, cualquier pelusa de la alfombra que recoger y comerse antes de que se ponga el sol… Hay que reconocer que, en lo que respecta a investigar y destruir, un niño de siete meses tiene muchísimas cosas a su alcance. Seguro que todavía quiere investigar las matemáticas también, pero ya no puede pasar tanto rato con ellas como para ver cincuenta tarjetas al día. Cinco tarjetas cada vez es mucho mejor.

Si hacemos sesiones breves, él seguirá absorbiendo información a la velocidad de la luz. Solo cuando las alargamos demasiado y le estamos haciendo llegar tarde a la próxima actividad que tiene en mente es cuando se ve obligado a abandonar el barco y dejarnos sentados solos en medio del suelo del salón.

A los adultos nos encanta encontrar un horario cómodo y después ajustarnos a él pase lo que pase, pero los niños son dinámicos, nunca dejan de cambiar. Mientras nosotros establecemos rutinas, ellos pasan al siguiente nivel y nosotros debemos pasar con ellos o nos quedaremos atrás.

Como las cosas son así, haga en todas las fases sesiones breves. Cuando la movilidad del niño crezca, ya estarán «incluidas» en su agenda: él ya habrá adquirido el hábito de las sesiones cortas y le resultarán una parte natural de su larguísima lista de actividades.

Empezar el programa con un niño de entre doce y dieciocho meses

Si va a empezar el programa de matemáticas con un niño de esta edad, las dos cosas más importantes que debe recordar son:

1. Sesiones muy muy breves.
2. Pare antes de que el niño quiera parar.

En lo que respecta al camino de las matemáticas, deberá enfatizar los *tres primeros pasos* (Capítulo 7). Según vaya avanzando por el camino con un niño en esta fase del desarrollo en concreto, el detalle vital es mantener las sesiones *muy, muy* breves.

La razón de que esto sea tan importante es que ahora el desarrollo de su movilidad es tremendamente importante.

A los doce meses el niño ya camina o ha empezado a erguirse y a trasladarse de un lado a otro entre dos personas o apoyado en los muebles para ir avanzando con el fin de conseguir dar sus primeros pasos de forma independiente. Cuando el niño cumpla los dieciocho meses no solo caminará con confianza, sino que habrá empezado a correr. Eso es un gran logro en solo seis meses. Para conseguir esos resultados espectaculares debe invertir mucho tiempo y energía en estas hazañas de carácter físico.

En ningún otro momento de su vida los movimientos físicos tendrán la importancia que adquieren en este momento. Seguro que si usted intenta seguir a su bebé y hacer todas las actividades físicas que hace él durante el día, acabará absolutamente exhausto solo después de una hora de esa rutina. Les aseguro que alguien ya lo ha intentado y ese fue el resultado. Ningún adulto está preparado para la actividad física que realiza en un solo día un bebé de entre los doce y dieciocho meses.

Esas actividades físicas son de gran importancia para el niño. En este periodo de crecimiento y desarrollo tenemos que tener un especial cuidado para adaptar el programa de matemáticas a su intenso programa físico. Hasta este momento un grupo de cinco tarjetas o de tres operaciones en una sesión había funcionado perfectamente. Pero en esta fase puede que tenga que mostrarle tres tarjetas con puntos, o incluso solo dos o una.

No hay ningún principio de la enseñanza que le vaya a ser tan útil como el de siempre parar antes de que su hijo quiera parar.

Pare siempre antes de que *el niño* quiera parar.

Pare siempre *antes* de que el niño quiera parar.

Pare siempre antes de que el niño quiera parar.

Este principio funciona para cualquier enseñanza que se le presente a cualquier ser humano en cualquier etapa del desarrollo y a cualquier edad, pero es *especialmente cierto* para los niños de entre doce y dieciocho meses. Ellos necesitan un programa con alta frecuencia, pero baja duración. Muchas sesiones breves serán lo mejor. Además, le servirán de breves pero apreciados respiros de su extenuante actividad física.

El niño disfrutará todo el camino de las matemáticas, desde el *primer paso* de reconocer cantidades con puntos al *quinto* con las operaciones sofisticadas con numerales, pero *necesitará sesiones extremadamente breves* porque es una persona en perpetuo movimiento y no puede pararse durante un tiempo muy prolongado.

Sesiones muy breves pero muy divertidas son lo que más le conviene.

Empezar el programa con un niño de entre dieciocho y treinta meses

Empezar *cualquier* cosa nueva o diferente con un niño entre dieciocho y treinta meses es un reto. Ya tiene altas capacidades y seguro que pasará del *primer* al *quinto paso* muy rápidamente una vez que haya *empezado* un programa feliz y constante. En esta fase los dos puntos más importantes que debe recordar son:

1. Empezar con el programa de matemáticas *gradualmente*.
2. Pasar lo más rápido posible de las tarjetas con puntos al comienzo de las operaciones.

Según pasan los días el niño va desarrollando y asumiendo su propio punto de vista. Empieza a haber cosas que le gustan y cosas que no le gustan. El niño de dieciocho meses no es el intelectual puro que era con tres meses.

Si vamos a introducir a un niño de dieciocho meses en el lenguaje de una forma visual debemos recordar primeramente que ya es un experto en el lenguaje de forma auditiva. Aunque lleva varios meses hablando, solo ahora los adultos que le rodean empiezan a identificar sus sonidos como palabras. No sorprende que, ahora que se ha dado cuenta de que al fin le entienden, tenga mucho que decir y muchas exigencias que hacer.

Es importante tener en cuenta que si algo es idea *suya* será una gran idea, pero si esa idea se origina en alguna otra parte, puede que no cuente con su aprobación. Nadie será el centro de todo tan absoluta y confiadamente como este niño. Ha llegado su momento y el programa necesita estar diseñado y organizado para su mente.

Lo primero que hay que recordar es que con un niño de esta edad no puede pasar de no hacer ningún programa de matemáticas a uno completo en un solo día.

En vez de empezar con dos grupos de cinco tarjetas con puntos, como explicamos en el Capítulo 7, empiece solo con un grupo de cinco tarjetas. Eso despertará su interés sin que sea demasiado. Tendrá que ir atrayéndole poco a poco. Le encantarán las matemáticas una vez que decida que es *idea suya* y que son *sus tarjetas* con puntos, pero al principio solo son las tarjetas de su madre o padre y él todavía no las conoce.

Enséñele el primer grupo de cinco tarjetas muy rápido y guárdelas. Vuelva a enseñárselas más tarde, en otro momento que considere oportuno. Después de unos pocos días añada un segundo grupo de cinco tarjetas. Tras un proceso de *evolución*, cuando empiece con las operaciones su interés crecerá. Introduzca entonces un nuevo grupo de tres operaciones en otro momento del día.

Es mejor dejarle siempre con ganas y que le pida más. Según vaya progresando el programa, pregúntele qué operaciones quiere hacer y hágalas con él.

En cuanto retire las tarjetas con puntos del uno al veinte empiece con las operaciones. Le encantarán, así que no espere hasta llegar a la tarjeta número cincuenta para introducírselas. No es un bebé; le gustarán más las operaciones que las tarjetas con puntos, así que enséñeselas en cuanto pueda.

Estará encantado de pasar al *tercer paso* del camino de las matemáticas y a los siguientes siempre y cuando empecemos con ese *primer paso* poco a poco, con una evolución progresiva, en vez de provocar una revolución.

Un apunte sobre nombrar las tarjetas o decir las operaciones en voz alta. Un niño de dos años hace solo y exclusivamente lo que más le apetece, como todo el mundo sabe. Si quiere gritar a todo pulmón las operaciones, lo hará, pero si no, no lo hará. El objetivo es enseñar al niño, tenga la edad que tenga, y reconocer su derecho a demostrar lo que ha aprendido de la forma que quiera o aceptar que no quiera hacerlo de ninguna de las maneras.

Enseñar a niños de treinta meses o más

La capacidad para reconocer el *valor real* o la cantidad es mayor entre el nacimiento y los treinta meses. Las tarjetas con puntos son realmente dominio exclusivo de los bebés. Eso no significa que un niño de más de treinta mesas no tenga la capacidad de aprender las cantidades, pero hay que reconocer que las posibilidades de que aprenda lo mismo que los bebés son mucho menores.

Si el niño supera por poco los treinta meses puede hacer un intento con las tarjetas de cantidades. No tiene nada que perder, pero sí mucho que ganar si funciona.

Si el niño ya supera ampliamente los treinta meses le recomendamos que fabrique tarjetas de cantidad solo del uno al veinte. Si el niño consigue reconocerlas a esta edad, será una suerte. Si no consigue hacerlo, de todas formas las tarjetas con puntos del uno al veinte le darán una percepción mejorada de la cantidad real de la que habría tenido si no se las hubiera enseñado. Eso le resultará una ventaja cuando aprenda matemáticas en el futuro.

La capacidad para ver inmediatamente la diferencia entre 98 puntos y 99 es una capacidad fantástica, pero no lo es *todo*. El amplio mundo de las matemáticas superiores todavía se puede abrir ante el niño aunque no sea capaz de reconocer cantidades de puntos o hacer operaciones matemáticas al momento.

Este libro trata de los primeros pasos ante el enorme lenguaje de las matemáticas. El primer paso es la *cantidad*. Por desgracia, han tenido que saltarse ese paso, que es el que facilita la aritmética, pero la aritmética solo es el principio. Por desgracia a la mayoría de los adultos les enseñaron tan mal que nunca llegaron a pasar de la aritmética. Cuando llegaron al punto en el que empieza la verdadera diversión con las matemáticas superiores, ya hacía mucho tiempo que habían dado por perdidas las matemáticas en general. Y lo que es peor, también se dieron por perdidos a sí mismos y a su tremenda capacidad para comprender y usar el lenguaje de las matemáticas.

Su hijo de tres, cuatro o cinco años no tiene por qué ser presa del mismo destino. No hay razón para ello. Si es demasiado mayor para las tarjetas con puntos, sáltese ese paso y empiece a enseñarle los numerales. Puede que tenga que ir un poco más despacio y que el enfoque de la enseñanza de las operaciones deba ser más convencional, pero recuerde que su capacidad para asimilar hechos puros nunca será mejor que en este momento.

Hemos visto muchos niños de diez, once y doce años que son excelentes matemáticos a los que les encanta la trigonometría, que no empezaron sus programas de matemáticas en casa hasta los cuatro o cinco años, una edad que supera la indicada para las tarjetas de cantidad.

No se entusiasme tanto con la noción de la aritmética instantánea que acabe perdiendo de vista el objetivo principal: que el niño consiga introducirse en el lenguaje de las matemáticas. La belleza y el placer que puede proporcionar esta ciencia tan descuidada normalmente residen en la oportunidad de pensar y razonar de forma lógica y creativa. Y su belleza y su placer pueden experimentarse armado con una calculadora si es necesario. Así que no se rinda con los niños mayores. También son potenciales matemáticos que solo están esperando que les enseñen. Únicamente procure que empiecen lo más pequeños posible. Acabará sorprendiéndose de sus capacidades.

RESUMEN

Cuando empiece a enseñarle matemáticas a su hijo, seguro que sucederá una de las siguientes cosas:

1. O que todo vaya maravillosamente y que cada vez tenga más entusiasmo por enseñar a su hijo y que él aprenda.
2. O que tenga preguntas o problemas.

Para solucionar los problemas que le surjan durante la enseñanza

Si tiene alguna pregunta o se encuentra con algún problema que no sabe resolver, ponga en práctica lo siguiente:

1. Relea los capítulos 7 y 8 atentamente. La gran mayoría de las preguntas técnicas sobre las matemáticas están respondidas en esos capítulos. En la relectura puede que detecte lo que no vio la primera vez y así le será posible corregir el problema fácilmente. Si no, intente el paso 2.
2. Relea todo el libro con atención. La gran mayoría de las preguntas filosóficas sobre las matemáticas están respondidas en algún lugar del libro. Cada vez que lea el libro lo entenderá un poco mejor, porque la experiencia que habrá adquirido enseñando al niño será cada vez mayor. Es probable que releyendo encuentre la respuesta que necesita; si no, intente el paso 3.
3. Los buenos profesores necesitan dormir bien. Duerma un poco más. Las madres, sobre todo las madres de los niños muy pequeños, casi nunca duermen lo suficiente. Evalúe de forma sincera cuánto duerme normalmente y añádale al menos una hora más. Si eso no soluciona el problema, intente el paso 4.
4. Adquiera el vídeo o dvd de *Cómo enseñar matemáticas a su bebé,* disponible en The Gentle Revolution Press. En él

podrá ver demostraciones de madres enseñando matemáticas a sus hijos. A muchos padres les ha resultado útil. Puede que le dé la confianza que necesita. Si el problema persiste, intente el paso 5.

5. Escríbanos y cuéntenos lo que está haciendo y cuál es su pregunta. Nosotros respondemos personalmente a todas las cartas (llevamos haciéndolo más de un cuarto de siglo). Nos llevará un tiempo responderle, porque nos escriben desde todo el mundo, así que antes de escribirnos asegúrese de que ha intentado *todos* los pasos del 1 al 4. Pero si todo eso falla, no dude en escribirnos.

Más información

Si quiere saber más sobre cómo enseñar a su bebé, haga lo siguiente:

1. Vaya a alguno de los cursos sobre «Cómo multiplicar la inteligencia de su bebé» que organizan los Institutos para el Logro del Potencial Humano de Filadelfia por todo el mundo. Son cursos de siete días para padres y madres. Las matemáticas solo son uno de los temas que se tratan. Es un curso fantástico al que todos los padres y madres deberían asistir mientras sus hijos son pequeños o cuando estén esperando un bebé.

2. Lea los demás libros de la serie «La Revolución Pacífica» que se enumeran en las páginas finales de este libro.

3. Adquiera los materiales relacionados con los libros de la serie que también se enumeran en las páginas finales de este libro.

4. Escríbanos a los Institutos y cuéntenos lo que está haciendo y cómo progresa su hijo. Su información es muy valiosa para nosotros y mucho más para las futuras generaciones de madres.

Capítulo 13

Sobre el respeto

Aprender es una de las mayores alegrías de la vida y debe seguir siéndolo. Recuerde que está iniciando en su hijo un amor por el aprendizaje que seguirá creciendo durante toda su vida. O, mejor dicho, está reforzando el ansia intrínseca de su hijo por aprender, un ansia que no se puede anular, pero que sí se puede retorcer para dirigirla hacia canales inútiles o incluso negativos para su hijo. Así que disfruten juntos siempre que jueguen a este juego.

Le está dando a su hijo la oportunidad sin precedentes de adquirir conocimientos, abriéndole una puerta dorada hacia todos los problemas fascinantes que se pueden resolver con las matemáticas.

Recuerde que los numerales con los que nos formaron a los adultos son abstractos y no tienen significado; son símbolos que representan números. Los verdaderos números, que los niños controlan a la perfección, son muy concretos, tanto que el niño puede «ver» el número con los ojos de su mente y «leer» el número verdadero, mientras que nosotros solo podemos leer los numerales. Por eso los niños tan pequeños pueden resolver problemas matemáticos de forma inmediata.

El niño es ya casi como una pequeña calculadora. Pulsando los botones le decimos al aparato: «Calculadora, ¿cuántos son 987 multiplicado por 654?». Le damos al botón del igual y, en un abrir y cerrar de ojos, aparece la respuesta: 645498. Eso nos resulta insultante hasta el extremo. Un trozo de plástico con unos cuantos cables nos responde solo con pulsar unos botones y sin la más mínima vacilación a un problema que nosotros los humanos, con nuestra increíble corteza cerebral, solo podemos responder después de hacer cálculos escritos en un papel.

Pero los humanos dominamos el inglés, el francés, el alemán o el español sin esfuerzo desde pequeños; ningún ordenador, por complejo que sea, aunque haya costado millones, puede mantener nada parecido a una conversación real con otro ordenador. Es la paradoja más grande de todas las paradojas. Es un absurdo.

Por suerte nuestros niños pueden restituir el honor del cerebro humano. Ellos, igual que el trozo de plástico de precio ridículo, pueden dar la respuesta casi instantáneamente. En el mundo solo unos pocos genios matemáticos pueden hacer eso. Hay un matemático holandés en el CERN (siglas en inglés del Centro Europeo para la Investigación Nuclear) que se llama Willem Klein que puede resolver mentalmente en dos minutos y cuarenta y tres segundos la 73.ª raíz de un número de 499 dígitos. Un ordenador confirmó la solución que había dado el humano: 6789235.

A este respecto este hombre es como los niños pequeños.

¿Y a quién le sorprende que le introdujeran en las matemáticas cuando era solo un niño? Para él no es necesario realizar el antiguo ritual de «y me llevo 7» con el que nos enseñaron matemáticas a todos y por el que nos hemos visto condenados a una vida de recetas dolorosamente complicadas (y a menudo inexactas). Yo mismo, que ya soy adulto, fui víctima de esos métodos y seguramente el lector también.

Recuerde que los niños están aprendiendo durante todos los momentos que pasan despiertos y que nosotros les estamos enseñando todo el tiempo. El problema es que no siempre somos conscientes de ello y terminamos enseñándoles cosas que no pretendíamos que aprendieran.

Si no va muy rápido, aburrirá a su hijo hasta la extenuación. Hace poco una de nuestras madres, que estaba enseñando a su hija las tarjetas con puntos, iba muy despacio porque tenía miedo de que su hija no estuviera realmente entendiendo los puntos. Su hija le demostró lo contrario con pocas palabras pero de una forma muy efectiva. De repente le dijo a su madre, exasperada: «¡Jo, mamá!», le cogió las tarjetas con puntos y seleccionó unas cuantas. Se fue al comedor y puso la tarjeta con treinta y dos puntos en el plato de su padre, la tarjeta con treinta puntos en el plato de su madre, la tarjeta con ocho puntos en el plato de su hermano, la tarjeta con cinco puntos en el plato de su hermana y la tarjeta con tres puntos en su plato. A su madre le llevó un rato darse cuenta de que había puesto la tarjeta con puntos correspondiente a la edad de cada uno en cada plato. Los niños que saben matemáticas hacen muchas preguntas sobre números y después recuerdan las respuestas. Su madre captó el mensaje y empezó a ir cinco veces más rápido.

Tenga en cuenta que los niños no saben que los adultos no podemos hacer lo mismo que ellos.

Una de nuestras sabias abuelas un día mostró la tarjeta del sesenta y nueve y le hizo a su nieta de tres años una pregunta tonta:

—¿Cuántos puntos ves, cariño?

—Todos, abuela. ¿Por qué?

Si les hacen preguntas tontas a sus hijos, obtendrán respuestas inteligentes.

Históricamente, no solo hemos subestimado terriblemente las capacidades de los niños con respecto a las matemáticas (a la vez que valorábamos en exceso las nuestras), sino que les hemos dado un material con el que trabajar que queda muy lejos de su capacidad y su nivel de diversión. Es un milagro que no los hayamos aburrido hasta matarlos de un ataque de tedio y que solo se hayan quedado en el punto de no querer saber nada de las matemáticas. A los niños de cinco años les presentamos unos problemas para que resuelvan que aburrirían a un niño de dos. ¿Se puede imaginar a un niño de dos años que ha aprendido con un libro que dice que dos osos pardos se encuentran con otros tres osos y así se juntan cinco osos, haciendo operaciones de alguna otra forma que no sea con lápiz y papel?

La idea de que los niños son adultos simplificados que tienen que tratar con números simplificados es una tontería.

Los niños pequeños pueden aprender cualquier cosa que se les presente de una forma sincera y objetiva. Si se les dan los hechos, ellos deducirán las reglas que los producen. Es exactamente el mismo método que utilizan los científicos para descubrir leyes. No los confunda con teorías y abstracciones; déles hechos, realidades. Los niños intuyen brillantemente las leyes a partir de los hechos. El diccionario define la ciencia como «conjunto de conocimientos obtenidos mediante la observación y el razonamiento, sistemáticamente estructurados y de los que se deducen principios y leyes generales». De acuerdo con esta definición, nuestros bebés *son* científicos.

Ahora usted ya es un profesor experto. Ha enseñado a su hijo matemáticas, algo que muy pocas personas han hecho. El mundo de los números ahora es como su ostra particular. Utilizando el método que a usted le venga mejor puede enseñarle todo lo que quiera. Cuando ya domine los cálculos, cómprele una calculadora pequeña. Le asombrará con lo que va aprendiendo y solo el cielo es el límite. Todas las reglas generales que hemos dado en este libro sirven para cualquier tipo de enseñanza.

Ponga mucho entusiasmo en el juego cada vez que se pongan a jugar. El niño tiene una capacidad increíble para asimilar hechos, pero tomará todas las pistas que usted le dé para determinar lo que realmente tiene valor y lo que no.

No le presione.

No le aburra.

Pare siempre antes de que él quiera parar.

No insista en enseñarle más que durante unos minutos cada vez, pero haga sesiones cortas.

Recuerde siempre que las matemáticas son un juego. ¡Son divertidas! Está jugando con su bebé. Por lo que hemos visto en nuestra experiencia, podemos decir que aquellos padres y madres que han enfocado la enseñanza de las matemáticas con alegría e imaginación y que han gritado de entusiasmo cada vez que el niño lograba algo nuevo con una felicidad absoluta han tenido más éxito que las madres y padres que han mostrado objetividad intelectual y que han elogiado a sus hijos con moderación. Recuerde que usted no es el ministro de educación; es su madre o su padre y está del lado del niño. Enseñar no es una obligación y no debe ser un trabajo.

Una vez que el niño lo consiga, usted ya tendrá un pensador en sus manos y no habrá manera de detenerlo. Parece un poco absurdo decir a estas alturas que las matemáticas, como la lectura, son básicas en cualquier educación y sirven de ayuda para aprender cualquier cosa que conozcamos en este mundo. Usted le ha abierto a su hijo las puertas del aprendizaje, el mayor tesoro que la vida tiene que ofrecer, exceptuando probablemente el amor y el respeto (es decir, la respuesta emocional y la responsabilidad), sin los que nada valdría la pena.

En el proceso de enseñar matemáticas a su hijo tanto usted como él habrán aprendido mucho sobre el amor y el respeto.

La Revolución Pacífica ha empezado. Hasta ahora ha sido un viaje emocionante en el que las madres y los padres han descubierto un amor mayor y un respeto más profundo por sus hijos del que nunca habrían imaginado. También han descubierto en su interior un manantial de entusiasmo para enseñar a sus bebés y disfrutar de los logros de una segunda educación más sutil y más profunda que la primera.

Ahora que se ha descubierto el secreto ya no es cuestión de si los niños pueden aprender matemáticas, es cuestión de lo lejos que quieran llegar. La pregunta que se planteará ahora, cuando cientos de miles de niños en edad preescolar sepan matemáticas y eso aumente el conocimiento del mundo más allá de los sueños más locos de cualquiera, será qué van a hacer esas nuevas generaciones con este viejo mundo.

Si el conocimiento lleva al bien, seguro que este mundo será un lugar mejor cuando los niños tengan unas capacidades superiores y una mayor confianza en su potencial que les servirán para resolver problemas que nos superaban a nosotros.

Al fin y al cabo eso es lo que pretendemos con esta revolución pacífica.

Agradecimientos

Las ideas básicas que contiene este libro son tan simples y obvias que es difícil creer que nadie las enunciara antes. Pero hasta donde nosotros sabemos, nadie lo había hecho. O al menos nadie las había expuesto con la claridad suficiente para que se entendieran o con la contundencia necesaria para que se escucharan.

Si alguien llegó a exponerlas, pero nadie las escuchó, yo sospecho que sería porque estaba solo. Nadie ha podido escribir nunca un libro completamente solo, sobre todo uno como este.

Si a nosotros se nos ha oído ha sido gracias a las siguientes personas:

A Susan Aisen, directora de los Institutos para el Logro de la Excelencia Intelectual. Ella y Janet Doman desarrollaron el método de instrucción y pusieron en práctica la enseñanza. Ella ha sido prácticamente coautora de este libro.

A Katie Doman, mi esposa, que fue la primera en enseñar a las madres y padres a enseñar a sus hijos a leer, matemáticas y a multiplicar su inteligencia, y que hoy en día sigue haciéndolo maravillosamente.

A los padres de nuestros niños con lesión cerebral, que, con su creatividad e infinita determinación, ayudaron a crear el camino de las matemáticas.

A las increíbles madres y niños del Instituto Evan Thomas que han seguido y ayudado a perfeccionar este camino.

A William Johntz, fundador del Proyecto SEED, que tomó las enseñanzas socráticas y las transformó en la Enseñanza del Descubrimiento, más civilizada, elegante y efectiva. Él ha hecho por la enseñanza de las matemáticas lo que el doctor Suzuki hizo por la enseñanza de la música y lo ha hecho igual de bien.

A Donald Barnhouse, gran matemático y maravilloso profesor, que trabajó como asesor del Instituto Evan Thomas y que ha hecho varias contribuciones y correcciones muy útiles a esta edición revisada del libro.

A la editora de los Institutos, Janet Gauger, que ha editado y corregido minuciosamente esta tercera edición.

Al antiguo director de proyectos especiales, Michael Armentrout, que supervisó la edición y el manuscrito de la segunda edición de este libro.

A mi ayudante, Greta Erdtmann, y a Cathy Ruhling, directora de comunicaciones, que han cuidado amorosamente del manuscrito de la edición original y de mí en los peores momentos.

Al personal del Instituto para el Logro de la Excelencia Intelectual: Miki Nakayachi, Teruki Uemura, Olivia Pelligra, James Kaliss, Kathy Myers, Eliane Hollanda, Yoshiko Kumagai, Mitsue Noguchi y Susanna Horn.

Al vicedirector de los Institutos para el Logro del Potencial Humano, Douglas Doman, mi hijo.

A la doctora Roselise Wilkinson, directora médica emérita de los Institutos para el Logro del Potencial Humano, y a la doctora Coralee Thompson, la directora médica en la actualidad.

Al personal del Instituto para el Logro de la Excelencia Física: Rosalind Doman, Leia Reilly, Rumiko Doman, Nati Myers, Jennifer Canepa y Rogelio Marty.

Al personal del Instituto para el Logro de la Excelencia Fisiológica: Ann Ball, Dawn Price, la doctora Li Wang y el doctor Ernesto Vasquez.

Al director financiero de los Institutos, Robert Derr, y a la administradora de los Institutos, Linda Maletta.

A la antigua directora de los Institutos, Gretchen Kerr, que asumió hábilmente mis obligaciones cuando me obligó a alejarme de ellas para escribir este libro.

A la antigua directora de Asuntos Infantiles de los Institutos, Elaine Lee.

Al antiguo director del Instituto Temple Fay para los asuntos académicos, Neil Harvey.

A la junta directiva de los Institutos para el Logro del Potencial Humano: Mihai Dimancescu, Ralph Pelligra, Sherman Hines, Richard Klich, Stewart Graham y Philip Bond, junto con algunas personas que ya he mencionado anteriormente que también son miembros de la junta.

Nuestro editor, Rudy Shur, presidente de Square One Publishers, que ama los libros y se asegura de que las obras venerables pero importantes sigan editándose para que todos los nuevos padres y madres tengan la oportunidad de aprender a enseñar a sus bebés.

Ni este libro ni ninguno de los demás que hemos escrito habrían sido posibles sin el apoyo constante y generoso de las siguientes organizaciones y personas:

El Sindicato de Trabajadores Siderúrgicos de América
El centro de investigación Ames de la NASA
Los Amigos de los Institutos
La Sony Corporation
John y Mary McShain
Susumu Samoto
Kaname Matsuzawa
Liza Minnelli
Jerry y Maureen Morantz
Walter G. Buckner
John y Josie Connelly

Sam y Joan Metzger
Dan y Margaret Melcher
Masaru y Yoshiko Ibuka
Louise Sacchi

Finalmente, quiero hacerle mis más profunda reverencia a todos aquellos que en la historia han creído con una pasión abrumadora que los niños eran muy superiores a la imagen que nosotros los adultos siempre hemos tenido de ellos.

Acerca de los autores

GLENN Doman se graduó en Fisioterapia por la Universidad de Pensilvania en 1940. Entonces empezó a trabajar en el campo del desarrollo cerebral infantil, en el que fue pionero. En 1955 fundó los Institutos para el Logro del Potencial Humano en Filadelfia, Pensilvania (EE. UU.). A principios de los sesenta el trabajo con niños con lesión cerebral de los Institutos, famoso y reconocido en todo el mundo, llevó a hacer descubrimientos fundamentales sobre el crecimiento y el desarrollo de los niños sanos. El autor ha estudiado, trabajado y vivido con niños de más de cien naciones, de las más civilizadas a las más primitivas. El gobierno de Brasil lo nombró caballero por su extraordinario trabajo a favor de todos los niños del mundo.

Glenn Doman es autor de los libros de la serie «La Revolución Pacífica», éxitos de ventas en todo el mundo, entre los que destacan: *Cómo enseñar a leer a su bebé*, *Cómo enseñar matemáticas a su bebé*, *Cómo multiplicar la inteligencia de su bebé*, *Cómo enseñarle a su bebé conocimientos enciclopédicos (en prensa)* y *Cómo enseñar a su bebé a alcanzar la excelencia física (en prensa)*. También es el autor del libro *Qué hacer por su hijo con lesión cerebral*, una guía para padres de niños con lesiones cerebrales.

En la actualidad sigue dedicando todo su tiempo a enseñar a padres de niños sanos y enfermos.

Durante más de treinta años Glenn Doman y los especialistas en desarrollo infantil de los Institutos han demostrado que los niños pequeños tienen mucha más capacidad para aprender de lo que nos habíamos imaginado. Y han tomado este trabajo tan importante (un trabajo que explora por qué los niños entre cero y seis años aprenden mejor que los niños de edades superiores) y le han dado una aplicación práctica. Como fundador de los Institutos para el Logro del Potencial Humano, Glenn ha creado un programa integral de desarrollo temprano que cualquier padre puede seguir en su casa.

Cuando Glenn Doman decidió actualizar los libros de la serie «La Revolución Pacífica» resultó natural que su hija le ayudara a editar y organizar la información adicional que han recopilado en las últimas tres décadas de experiencia acumulada desde que se escribieron los libros originalmente.

Janet Doman es la directora de los Institutos para el Logro del Potencial Humano. Tras finalizar sus estudios de zoología en la Universidad de Hull (Inglaterra) y de antropología física en la Universidad de Pensilvania, se dedicó por completó a enseñar programas de lectura temprana a padres en los Institutos. Pasó casi dos años en la Asociación para el Desarrollo Temprano en Japón, donde creaba programas para madres. Después volvió a Filadelfia para dirigir el Instituto Evan Thomas, una escuela única para madres, padres y bebés. El programa de desarrollo temprano llevó a la creación de la Escuela Internacional para niños que se graduaban en el programa de desarrollo temprano.

Janet pasa la mayor parte del día codo con codo con los «mejores madres y padres del mundo», ayudándoles a descubrir el amplio potencial que tienen sus hijos y su propio potencial como maestros.

Apéndice

Operaciones y personalidades numéricas

POR DONALD BARNHOUSE

CADA número tiene su propio carácter. Algunas personas que adoran las matemáticas incluso dicen que los números tienen «personalidad». Pero decir que tienen carácter no es ninguna exageración. El cero y el uno son las superestrellas. Y hablando solo de los números representados en las tarjetas con puntos, el diez y el cien son especiales en el mundo de hoy, porque el sistema de numeración decimal (de base diez) está muy arraigado en nuestra cultura. Dos, cuatro, ocho y los demás múltiplos de dos son también muy importantes porque son los bloques de construcción del sistema de numeración binario (de base dos) que utilizan los ordenadores. Los contadores mecánicos que llevan desde los coches hasta las fotocopiadoras empiezan en cero, suben hasta nueve, y después vuelven a cero de nuevo.

En el sistema de medida inglés no se mide la altura de un niño en tres pies con nueve pulgadas y después se pasa a los cuatro pies, sino que las pulgadas se agrupan de doce en doce. Los relojes hacen lo mismo con las horas. Para pesar a un recién nacido con este sistema no se pasa de las seis libras y nueve onzas a las siete libras: las onzas (y también los bits de los ordenadores) van de dieciséis en dieciséis. A los niños les lleva un tiempo aprender estos tramos, pero los números en sí mismos son universales e incluso los más pequeños los perciben inmediatamente.

Una gran virtud de las tarjetas con puntos es que el número de puntos de la tarjeta no depende del sistema de numeración que se utilice. Un niño romano de hace mil años, un niño hindú de hace dos mil o un niño egipcio de hace tres mil verían exactamente el mismo número de puntos en las tarjetas con puntos que verá su hijo en la actualidad. Pero en cuanto le ponemos un nombre a ese número lo identificamos con una marca de pertenencia a cierta cultura. La manera de mostrar las tarjetas con puntos está ligada al sistema de numeración basado en el número diez que se utiliza en la mayor parte del mundo.

En cuanto coge una tarjeta y le dice al niño «setenta y cuatro», ya se ha identificado como parte de una cultura que agrupa ese conjunto de círculos rojos en siete grupos de diez y cuatro puntos sueltos. En un mundo hexadecimal usted habría dicho «4A». Al decir «setenta y cuatro» lo que está diciendo en realidad son «siete decenas y cuatro unidades». El niño absorberá al menos parte del significado de esto cuando le haya enseñado las tarjetas el número adecuado de veces. Seguro que habrá notado la similitud entre los nombres que empiezan por «dieci-» y el cambio brusco a «veinte». También se habrá fijado en el sonido similar de las terminaciones de todos los múltiplos de diez de veinte en adelante: trei*nta*, cuare*nta*, cincue*nta*, etc. Ya habrá vinculado los sonidos de «siete», «diecisiete» y «setenta». Y habrá oído los nombres de las nueve primeras tarjetas repetidos una y otra vez. Además, habrá detectado que cada vez que se le muestra una tarjeta con un punto más que las tarjetas cuyos nombres acaban en «-nta», el nombre que oye acaba en «y uno». No sabemos exactamente cómo ha procesado toda esa información y qué hace con ella, pero seguro que está ahí en alguna parte.

Un niño francés tendrá algunos puntos más de interés (o de confusión), porque después de la palabra que ellos utilizan para sesenta ya no tienen más palabras que se correspondan con los siguientes múltiplos de diez. Para lo que nosotros llamamos setenta ellos dicen «sesenta-diez», setenta y nueve es «sesenta-diecinueve», ochenta es «cuatro-veinte», noventa es «cuatro-veinte-diez» y noventa y siete «cuatro-veinte-diecisiete».

Todos estos hechos y algunos más tienen un papel en la elección de las operaciones que le proponemos para que incluya en la parte posterior de las tarjetas con puntos y que utilizará cuando el niño y usted lleguen a esa fase. Los números con mucho carácter tienen más operaciones que los que tienen uno más débil. Algunos como el 60 o el 30 son tan interesantes que no hay espacio en la tarjeta para todas las fascinantes relaciones que podemos expresar con ellos en las operaciones. Otros como el 83 o el 91 (que me perdonen estos números) son tan aburridos que cuesta encontrar algo interesante que se pueda hacer de ellos.

En *general* hemos organizado las operaciones así: en una esquina de cada tarjeta normalmente hay un intento de identificación básica de cada número (cuántos dieces y cuántos unos tiene) y de situación dentro del orden de los números. En otra esquina podrá ver sus factores (los números que multiplicados entre sí dan ese número); normalmente cuantos más factores tenga un número más interesante es. En la tercera esquina encontrará secuencias interesantes a las que pertenece el número, si es que hay alguna. Y en la esquina restante aparecen algunas restas clave que incluyen ese número. Otras relaciones, incluyendo aquellas que pueden ayudarle más adelante para enseñar las sumas y las multiplicaciones, pueden aparecer en cualquier lugar de la tarjeta, donde haya sitio.

No es posible indicar las razones para la elección de todas las operaciones en un espacio tan pequeño, pero hemos intentado relacionarlas siempre con un paso posterior del aprendizaje matemático.

Hay otros hechos implícitos en la selección de las operaciones que puede que se le escapen a usted pero que su hijo seguro que detectará. Por ejemplo, si no se lo mencionáramos explícitamente aquí seguramente usted no notaría que en todas las tarjetas en las que hay una operación de suma de tres números consecutivos, el resultado es un número divisible por tres. Su hijo sí lo notará y reflexionará sobre ello. También se dará cuenta de que hay un grupo de tarjetas con operaciones con un número que es igual a la suma de cuatro números consecutivos. ¿Se puede imaginar qué números podrían expresarse de esa forma? No tenga duda de que su hijo lo descubrirá. Se ha demostrado que niños con menos de dieciocho horas de vida muestran interés y además son capaces de hacer razonamientos analíticos.

En resumen, a raíz de las operaciones pretendemos comunicar de forma subliminal y también de forma directa parte de la mística esencial de lo que son las matemáticas y del lugar que ocupan en el reino más amplio del conocimiento. Pitágoras no iba muy desencaminado cuando, tras reflexionar sobre las matemáticas y la música y sus percepciones de las relaciones entre ellas, empezó a compartir el entusiasmo que le había surgido de tal forma que sus pupilos hicieron casi una religión de todo ello.

Un detalle que la elección de operaciones pretende comunicar más allá de lo que transmiten los simples hechos matemáticos que las componen, es que las matemáticas son lo opuesto al caos. Las matemáticas significan orden y son una de nuestras herramientas principales para volver orden el caos. El gran poeta americano Mark Van Doren escribió un soneto con estos versos:

No hay líneas en la naturaleza, falsas o ciertas
Hasta que el número encuentra una puerta, y entra por ella.

Obviamente, hay un número infinito de operaciones con cada número. Pero nosotros no hemos seleccionado una muestra al azar de las posibles. Se han rechazado las que no tenían mucho sentido en el aprendizaje. Sentíamos que, por ejemplo, era perder un espacio precioso en la parte posterior de la tarjeta del sesenta incluir una operación como: $42 + 37 - 54 + 23 - 7 + 19 = 60$. Y no tendría sentido haber incluido $42 + 37 - 54 + 23 - 6 + 19 = 61$ en la parte de atrás de la tarjeta del 61, aunque es una operación posible y cierta. Solo los contables verán en su vida números sin relación ninguna entre sí y los demás podemos estar agradecidos de que los ordenadores prácticamente nos han liberado de tratar con esas operaciones que son como los juegos de manos de los magos: caos y confusión que oscurecen lo que realmente importa. Las matemáticas, además de la función de los números, nos ofrecen una visión de su belleza y su carácter. Esperamos que la combinación de las tarjetas con puntos y las operaciones sirva para introducir la aritmética de una forma más realista e interesante que la que tienen que soportar los niños en los colegios.

Ejemplos de operaciones para la parte posterior de las tarjetas con puntos del 0 al 60

0

$1 \times 0 = 0$	$1 - 1 = 0$
$2 \times 0 = 0$	$2 - 2 = 0$
$3 \times 0 = 0$	$3 - 3 = 0$
$5 \times 0 = 0$	$8 - 8 = 0$
$11 \times 0 = 0$	$47 - 47 = 0$
$59 \times 0 = 0$	$65 - 65 = 0$
$0 + 0 = 0$	$4 \times 5 \times 0 = 0$
$0 - 0 = 0$	$20 \div 2 \times 0 = 0$
$0 \times 0 = 0$	$6 \times 0 \times 8 \times 5 = 0$
$0 \div 2 = 0$	$24 \div 3 \times 0 = 0$
$0 \div 9 = 0$	$14 \times 0 \div 7 = 0$
$0 \div 73 = 0$	$100 \times 0 \div 10 = 0$

1

$1 \times 1 = 1$	$11 - 10 = 1$
$1 \times 1 \times 1 \times 1 \times 1 = 1$	$21 - 20 = 1$
$0 + 1 = 1$	$31 - 30 = 1$
$1 \div 1 = 1$	$2 - 1 = 1$
$1 \times 1 \div 1 \div 1 \times 1 = 1$	$100 - 99 = 1$
$2 \times 2 \div 4 = 1$	$7 \div 7 = 1$
$3 \times 2 \div 6 = 1$	$18 \div 18 = 1$
$5 \times 3 \div 15 = 1$	$23 \div 23 = 1$
$7 \times 5 \div 35 = 1$	$41 \div 41 = 1$
$1 \times 2 \times 3 \times 4 \div 24 = 1$	$65 \div 65 = 1$

2

$0 + 2 = 2$	$12 - 10 = 2$
$2 + 0 = 2$	$22 - 20 = 2$
$1 + 1 = 2$	$32 - 30 = 2$
$2 \times 1 = 2$	$72 - 70 = 2$
$2 \div 1 = 2$	$100 - 98 = 2$
$3 - 1 = 2$	$4 \div 2 = 2$
$4 - 2 = 2$	$6 \div 3 = 2$
$5 - 3 = 2$	$8 \div 4 = 2$
$6 - 4 = 2$	$10 \div 5 = 2$
$7 - 5 = 2$	$20 \div 10 = 2$

3

$3 + 0 = 3$	$13 - 10 = 3$
$2 + 1 = 3$	$43 - 40 = 3$
$1 + 1 + 1 = 3$	$10 - 7 = 3$
$3 \times 1 = 3$	$9 - 6 = 3$
$1 \times 3 = 3$	$8 - 5 = 3$
$6 \times 5 \div 10 = 3$	$6 \div 2 = 3$
$9 \times 10 \div 30 = 3$	$9 \div 3 = 3$
$4 \times 15 \div 20 = 3$	$12 \div 4 = 3$
$12 \times 2 \div 8 = 3$	$15 \div 5 = 3$
$3 \times 24 \div 24 = 3$	$30 \div 10 = 3$

4

$0 + 4 = 4$	$9 - 5 = 4$
$1 + 3 = 4$	$8 - 4 = 4$
$2 + 2 = 4$	$7 - 3 = 4$
$1 \times 4 = 4$	$6 - 2 = 4$
$2 \times 2 = 4$	$5 - 1 = 4$
$14 - 10 = 4$	$4 \div 1 = 4$
$34 - 30 = 4$	$8 \div 2 = 4$
$74 - 70 = 4$	$12 \div 3 = 4$
$100 - 96 = 4$	$40 \div 10 = 4$
$10 - 6 = 4$	$100 \div 25 = 4$

5

$0 + 5 = 5$	$15 - 10 = 5$
$1 + 4 = 5$	$45 - 40 = 5$
$2 + 3 = 5$	$85 - 80 = 5$
$5 \times 1 = 5$	$100 - 95 = 5$
$5 \div 1 = 5$	$10 - 5 = 5$
$9 - 4 = 5$	$10 \div 2 = 5$
$8 - 3 = 5$	$15 \div 3 = 5$
$7 - 2 = 5$	$20 \div 4 = 5$
$6 - 1 = 5$	$50 \div 10 = 5$
$5 - 0 = 5$	$100 \div 20 = 5$

6

$0 + 6 = 6$	$16 - 10 = 6$
$1 + 5 = 6$	$46 - 40 = 6$
$2 + 4 = 6$	$96 - 90 = 6$
$3 + 3 = 6$	$100 - 94 = 6$
$1 + 2 + 3 = 6$	$10 - 4 = 6$
$1 \times 2 \times 3 = 6$	$9 - 3 = 6$
$4 \times 12 \div 8 = 6$	$12 \div 2 = 6$
$2 \times 18 \div 6 = 6$	$18 \div 3 = 6$
$3 \times 10 \div 5 = 6$	$24 \div 4 = 6$
$8 \times 3 \div 4 = 6$	$30 \div 5 = 6$
$45 \times 2 \div 15 = 6$	$60 \div 10 = 6$
$24 \times 3 \div 12 = 6$	$90 \div 15 = 6$

7

$6 + 1 = 7$	$17 - 10 = 7$
$5 + 2 = 7$	$37 - 30 = 7$
$4 + 3 = 7$	$100 - 93 = 7$
$7 \times 1 = 7$	$10 - 3 = 7$
$14 - 7 = 7$	$14 \div 2 = 7$
$21 - 14 = 7$	$21 \div 3 = 7$
$28 - 21 = 7$	$28 \div 4 = 7$
$35 - 28 = 7$	$35 \div 5 = 7$

8

7 + 1 = 8	18 − 10 = 8
6 + 2 = 8	28 − 20 = 8
5 + 3 = 8	98 − 90 = 8
4 + 4 = 8	100 − 92 = 8
2 × 4 = 8	10 − 2 = 8
2 × 2 × 2 = 8	9 − 1 = 8
4 × 4 ÷ 2 = 8	8 ÷ 1 = 8
4 × 4 × 4 ÷ 8 = 8	16 ÷ 2 = 8
5 × 16 ÷ 10 = 8	24 ÷ 3 = 8
24 × 3 ÷ 9 = 8	32 ÷ 4 = 8
10 × 4 ÷ 5 = 8	40 ÷ 5 = 8
16 × 2 ÷ 4 = 8	88 ÷ 11 = 8

9

8 + 1 = 9	81 ÷ 9 = 9
7 + 2 = 9	72 ÷ 8 = 9
6 + 3 = 9	63 ÷ 7 = 9
5 + 4 = 9	54 ÷ 6 = 9
3 × 3 = 9	9 ÷ 1 = 9
3 + 3 + 3 = 9	18 ÷ 2 = 9
2 + 3 + 4 = 9	27 ÷ 3 = 9
1 + 3 + 5 = 9	36 ÷ 4 = 9
100 − 91 = 9	45 ÷ 5 = 9
10 − 1 = 9	19 − 10 = 9

10

1 + 9 = 10	20 ÷ 2 = 10
2 + 8 = 10	30 ÷ 3 = 10
3 + 7 = 10	40 ÷ 4 = 10
4 + 6 = 10	70 ÷ 7 = 10
5 + 5 = 10	100 ÷ 10 = 10
1 + 2 + 3 + 4 = 10	19 − 9 = 10
20 − 10 = 10	18 − 8 = 10
30 − 20 = 10	17 − 7 = 10
80 − 70 = 10	16 − 6 = 10
100 − 90 = 10	15 − 5 = 10

11

10 + 1 = 11	99 ÷ 9 = 11
9 + 2 = 11	88 ÷ 8 = 11
8 + 3 = 11	77 ÷ 7 = 11
7 + 4 = 11	33 ÷ 3 = 11
6 + 5 = 11	22 ÷ 2 = 11
20 − 9 = 11	22 − 11 = 11
100 − 89 = 11	33 − 22 = 11
11 + 0 = 11	44 − 33 = 11
11 − 0 = 11	55 − 44 = 11
11 ÷ 1 = 11	66 − 55 = 11

12

$11 + 1 = 12$	$2 \times 6 = 12$
$10 + 2 = 12$	$2 \times 2 \times 3 = 12$
$9 + 3 = 12$	$4 \times 3 = 12$
$8 + 4 = 12$	$3 + 3 + 3 + 3 = 12$
$7 + 5 = 12$	$4 + 4 + 4 = 12$
$6 + 6 = 12$	$3 + 4 + 5 = 12$
$6 \times 4 \div 2 = 12$	$24 \div 2 = 12$
$4 \times 9 \div 3 = 12$	$36 \div 3 = 12$
$15 \times 4 \div 5 = 12$	$48 \div 4 = 12$
$3 \times 24 \div 6 = 12$	$60 \div 5 = 12$
$16 \times 6 \div 8 = 12$	$100 - 88 = 12$
$3 \times 4 \div 1 = 12$	$20 - 8 = 12$

13

$10 + 3 = 13$	$9 + 4 = 13$
$12 + 1 = 13$	$8 + 5 = 13$
$13 \times 1 = 13$	$7 + 6 = 13$
$52 - 39 = 13$	$52 \div 4 = 13$
$39 - 26 = 13$	$26 \div 2 = 13$
$26 - 13 = 13$	$39 \div 3 = 13$

14

$10 + 4 = 14$	$9 + 5 = 14$
$13 + 1 = 14$	$8 + 6 = 14$
$14 + 0 = 14$	$7 + 7 = 14$
$2 + 3 + 4 + 5 = 14$	$2 \times 7 = 14$
$100 - 86 = 14$	$7 \times 2 = 14$
$20 - 6 = 14$	$14 \times 1 = 14$

15

$10 + 5 = 15$	$7 + 8 = 15$
$14 + 1 = 15$	$6 + 9 = 15$
$3 \times 5 = 15$	$1 + 2 + 3 + 4 + 5 = 15$
$5 + 5 + 5 = 15$	$3 + 5 + 7 = 15$
$4 + 5 + 6 = 15$	$8 + 7 = 15$
$100 - 85 = 15$	$30 \div 2 = 15$
$20 - 5 = 15$	$45 \div 3 = 15$
$21 - 6 = 15$	$5 \times 12 \div 4 = 15$
$22 - 7 = 15$	$3 \times 25 \div 5 = 15$
$23 - 8 = 15$	$9 \times 10 \div 6 = 15$

16

10 + 6 = 16	2 × 8 = 16
15 + 1 = 16	4 × 4 = 16
100 − 84 = 16	2 × 2 × 2 × 2 = 16
20 − 4 = 16	8 × 2 = 16
9 + 7 = 16	32 ÷ 2 = 16
8 + 8 = 16	48 ÷ 3 = 16
1 + 7 + 3 + 5 = 16	64 ÷ 4 = 16
1 + 3 + 5 + 7 = 16	80 ÷ 5 = 16

17

10 + 7 = 17	100 − 83 = 17
16 + 1 = 17	20 − 3 = 17
9 + 8 = 17	17 × 1 = 17
21 − 4 = 17	24 − 7 = 17
22 − 5 = 17	25 − 8 = 17
23 − 6 = 17	26 − 9 = 17

18

$10 + 8 = 18$	$2 \times 9 = 18$
$17 + 1 = 18$	$3 \times 6 = 18$
$9 + 9 = 18$	$6 + 6 + 6 = 18$
$3 + 6 + 4 + 5 = 18$	$5 + 6 + 7 = 18$
$3 + 4 + 5 + 6 = 18$	$4 + 6 + 8 = 18$
$100 - 82 = 18$	$24 - 6 = 18$
$20 - 2 = 18$	$30 - 12 = 18$
$21 - 3 = 18$	$36 - 18 = 18$
$22 - 4 = 18$	$36 \div 2 = 18$
$23 - 5 = 18$	$9 \times 6 \div 3 = 18$

19

$10 + 9 = 19$	$100 - 81 = 19$
$18 + 1 = 19$	$20 - 1 = 19$
$19 \times 1 = 19$	$30 - 11 = 19$
$21 - 2 = 19$	$24 - 5 = 19$
$22 - 3 = 19$	$25 - 6 = 19$
$23 - 4 = 19$	$26 - 7 = 19$

20

$19 + 1 = 20$	$11 + 9 = 20$
$10 + 10 = 20$	$12 + 8 = 20$
$2 \times 10 = 20$	$13 + 7 = 20$
$2 \times 2 \times 5 = 20$	$14 + 6 = 20$
$4 \times 5 = 20$	$15 + 5 = 20$
$5 \times 8 \div 2 = 20$	$5 + 5 + 5 + 5 = 20$
$4 \times 15 \div 3 = 20$	$4 + 4 + 4 + 4 + 4 = 20$
$5 \times 12 \div 3 = 20$	$100 - 80 = 20$
$16 \times 5 \div 4 = 20$	$90 - 70 = 20$
$100 \div 5 = 20$	$80 - 60 = 20$

21

$20 + 1 = 21$	$3 \times 7 = 21$
$15 + 6 = 21$	$7 + 7 + 7 = 21$
$1 + 2 + 3 + 4 + 5 + 6 = 21$	$6 + 7 + 8 = 21$
$6 + 9 + 6 = 21$	$5 + 7 + 9 = 21$
$100 - 79 = 21$	$14 + 7 = 21$
$30 - 9 = 21$	$28 - 7 = 21$
$9 \times 7 \div 3 = 21$	$35 - 14 = 21$
$6 \times 7 \div 2 = 21$	$42 - 21 = 21$

22

$20 + 2 = 22$	$2 \times 11 = 22$
$21 + 1 = 22$	$11 + 11 = 22$
$66 \div 3 = 22$	$4 + 5 + 6 + 7 = 22$
$13 + 9 = 22$	$77 - 55 = 22$
$14 + 8 = 22$	$55 - 33 = 22$
$15 + 7 = 22$	$88 - 66 = 22$

23

$20 + 3 = 23$	$14 + 9 = 23$
$22 + 1 = 23$	$15 + 8 = 23$
$23 \times 1 = 23$	$16 + 7 = 23$
$19 + 4 = 23$	$100 - 77 = 23$
$18 + 5 = 23$	$50 - 27 = 23$
$17 + 6 = 23$	$30 - 7 = 23$

24

$20 + 4 = 24$	$2 \times 12 = 24$
$23 + 1 = 24$	$3 \times 8 = 24$
$8 + 8 + 8 = 24$	$4 \times 6 = 24$
$7 + 8 + 9 = 24$	$1 \times 2 \times 3 \times 4 = 24$
$6 + 8 + 10 = 24$	$2 \times 2 \times 2 \times 3 = 24$
$30 - 6 = 24$	$8 \times 6 \div 2 = 24$
$100 - 76 = 24$	$9 \times 8 \div 3 = 24$
$50 - 26 = 24$	$48 \div 6 \times 3 = 24$
$33 - 9 = 24$	$30 \div 5 \times 4 = 24$
$32 - 8 = 24$	$21 \div 7 \times 8 = 24$

25

20 + 5 = 25	5 × 5 = 25
24 + 1 = 25	5 + 5 + 5 + 5 + 5 = 25
30 − 5 = 25	3 + 4 + 5 + 6 + 7 = 25
100 − 75 = 25	1 + 3 + 5 + 7 + 9 = 25
19 + 6 = 25	50 ÷ 2 = 25
18 + 7 = 25	75 ÷ 3 = 25
17 + 8 = 25	100 ÷ 4 = 25
16 + 9 = 25	25 ÷ 1 = 25

26

20 + 6 = 26	100 − 74 = 26
25 + 1 = 26	50 − 24 = 26
26 × 1 = 26	30 − 4 = 26
52 ÷ 2 = 26	2 × 13 = 26
39 − 13 = 26	5 + 6 + 7 + 8 = 26
39 + 13 − 26 = 26	13 + 13 = 26

27

$20 + 7 = 27$	$3 \times 9 = 27$
$26 + 1 = 27$	$9 + 9 + 9 = 27$
$100 - 73 = 27$	$10 + 9 + 8 = 27$
$50 - 23 = 27$	$11 + 9 + 7 = 27$
$30 - 3 = 27$	$12 + 9 + 6 = 27$
$36 - 9 = 27$	$3 \times 3 \times 3 = 27$
$35 - 8 = 27$	$18 + 9 = 27$
$34 - 7 = 27$	$45 - 18 = 27$
$33 - 6 = 27$	$54 - 27 = 27$
$32 - 5 = 27$	$63 - 36 = 27$

28

$20 + 8 = 28$	$2 \times 14 = 28$
$27 + 1 = 28$	$4 \times 7 = 28$
$30 - 2 = 28$	$2 \times 2 \times 7 = 28$
$56 - 28 = 28$	$8 \times 7 \div 2 = 28$
$100 - 72 = 28$	$1 + 2 + 3 + 4 + 5 + 6 + 7 = 28$
$50 - 22 = 28$	$1 + 5 + 9 + 13 = 28$
$4 + 6 + 8 + 10 = 28$	$1 + 6 + 2 + 5 + 3 + 4 + 7 = 28$
$10 + 4 + 8 + 6 = 28$	$7 + 7 + 7 + 7 = 28$

29

$20 + 9 = 29$	$100 - 71 = 29$
$28 + 1 = 29$	$50 - 21 = 29$
$29 \times 1 = 29$	$30 - 1 = 29$
$31 - 2 = 29$	$34 - 5 = 29$
$32 - 3 = 29$	$35 - 6 = 29$
$33 - 4 = 29$	$36 - 7 = 29$

30

$3 \times 10 = 30$	$2 \times 15 = 30$
$29 + 1 = 30$	$3 \times 10 = 30$
$10 + 10 + 10 = 30$	$5 \times 6 = 30$
$9 + 10 + 11 = 30$	$2 \times 3 \times 5 = 30$
$8 + 10 + 12 = 30$	$60 \div 2 = 30$
$5 + 10 + 15 = 30$	$90 \div 3 = 30$
$5 + 5 + 5 + 5 + 5 + 5 = 30$	$45 - 15 = 30$
$21 + 9 = 30$	$6 + 7 + 8 + 9 = 30$
$22 + 8 = 30$	$6 + 9 + 7 + 8 = 30$
$23 + 7 = 30$	$15 + 15 = 30$
$24 + 6 = 30$	$12 + 3 + 9 + 6 = 30$
$25 + 5 = 30$	$3 + 6 + 9 + 12 = 30$
$100 - 70 = 30$	$4 + 5 + 6 + 7 + 8 = 30$
$90 - 60 = 30$	$6 + 6 + 6 + 6 + 6 = 30$

31

$30 + 1 = 31$	$31 \times 1 = 31$
$21 + 10 = 31$	$32 - 1 = 31$
$11 + 20 = 31$	$1 + 2 + 4 + 8 + 16 = 31$
$100 - 69 = 31$	$31 \div 1 = 31$
$90 - 59 = 31$	$62 \div 2 = 31$
$40 - 9 = 31$	$93 \div 3 = 31$

32

$30 + 2 = 32$	$2 \times 16 = 32$
$31 + 1 = 32$	$4 \times 8 = 32$
$16 + 16 = 32$	$2 \times 2 \times 8 = 32$
$5 + 11 + 7 + 9 = 32$	$2 \times 2 \times 2 \times 4 = 32$
$5 + 7 + 9 + 11 = 32$	$2 \times 2 \times 2 \times 2 \times 2 = 32$
$100 - 68 = 32$	$8 \times 8 \div 2 = 32$
$40 - 8 = 32$	$6 \times 16 \div 3 = 32$
$64 - 32 = 32$	$10 + 6 + 14 + 2 = 32$
$48 - 16 = 32$	$2 + 6 + 10 + 14 = 32$
$56 - 24 = 32$	$16 \div 2 \times 4 = 32$

33

30 + 3 = 33	3 × 11 = 33
32 + 1 = 33	10 + 11 + 12 = 33
40 − 7 = 33	9 + 11 + 13 = 33
100 − 67 = 33	1 + 11 + 21 = 33
90 − 57 = 33	11 + 22 = 33
99 − 66 = 33	3 + 4 + 5 + 6 + 7 + 8 = 33
88 − 55 = 33	3 + 8 + 4 + 7 + 5 + 6 = 33
77 − 44 = 33	11 + 11 + 11 = 33
66 − 33 = 33	99 ÷ 3 = 33
55 − 22 = 33	99 − 33 − 33 = 33

34

30 + 4 = 34	2 × 17 = 34
33 + 1 = 34	17 + 17 = 34
34 × 1 = 34	7 + 8 + 9 + 10 = 34
34 + 0 = 34	4 + 7 + 10 + 13 = 34
100 − 66 = 34	29 + 5 = 34
40 − 6 = 34	28 + 6 = 34
50 − 16 = 34	27 + 7 = 34
90 − 56 = 34	26 + 8 = 34

35

$30 + 5 = 35$	$5 \times 7 = 35$
$34 + 1 = 35$	$7 + 7 + 7 + 7 + 7 = 35$
$40 - 5 = 35$	$9 + 8 + 7 + 6 + 5 = 35$
$100 - 65 = 35$	$13 + 1 + 10 + 4 + 7 = 35$
$90 - 55 = 35$	$1 + 4 + 7 + 10 + 13 = 35$
$29 + 6 = 35$	$5 + 5 + 5 + 5 + 5 + 5 + 5 = 35$
$28 + 7 = 35$	$2 + 3 + 4 + 5 + 6 + 7 + 8 = 35$
$41 - 6 = 35$	$8 + 2 + 7 + 3 + 6 + 4 + 5 = 35$
$42 - 7 = 35$	$15 + 20 = 35$
$49 - 14 = 35$	$3 + 5 + 7 + 9 + 11 = 35$

36

$30 + 6 = 36$	$2 \times 18 = 36$
$35 + 1 = 36$	$3 \times 12 = 36$
$40 - 4 = 36$	$4 \times 9 = 36$
$100 - 64 = 36$	$6 \times 6 = 36$
$90 - 54 = 36$	$2 \times 2 \times 3 \times 3 = 36$
$12 + 12 + 12 = 36$	$9 + 9 + 9 + 9 = 36$
$11 + 12 + 13 = 36$	$8 + 1 + 7 + 2 + 6 + 3 + 5 + 4 = 36$
$11 + 1 + 9 + 3 + 7 + 5 = 36$	$1 + 2 + 3 + 4 + 5 + 6 + 7 + 8 = 36$
$1 + 3 + 5 + 7 + 9 + 11 = 36$	$54 - 18 = 36$
$45 - 9 = 36$	$63 - 27 = 36$

37

30 + 7 = 37	37 × 1 = 37
36 + 1 = 37	74 ÷ 2 = 37
27 + 10 = 37	74 − 37 = 37
100 − 63 = 37	17 + 20 = 37
90 − 53 = 37	18 + 19 = 37
40 − 3 = 37	20 − 2 + 20 − 1 = 37

38

30 + 8 = 38	2 × 19 = 38
37 + 1 = 38	20 + 18 = 38
45 − 7 = 38	76 − 38 = 38
100 − 62 = 38	8 + 9 + 10 + 11 = 38
90 − 52 = 38	5 + 8 + 11 + 14 = 38
40 − 2 = 38	2 + 7 + 12 + 17 = 38

39

30 + 9 = 39	3 × 13 = 39
38 + 1 = 39	12 + 13 + 14 = 39
40 − 1 = 39	11 + 13 + 15 = 39
100 − 61 = 39	45 − 6 = 39
90 − 51 = 39	42 − 3 = 39
52 − 13 = 39	26 + 26 − 13 = 39

40

$4 \times 10 = 40$	$2 \times 20 = 40$
$30 + 10 = 40$	$4 \times 10 = 40$
$10 + 10 + 10 + 10 = 40$	$5 \times 8 = 40$
$50 - 10 = 40$	$2 \times 2 \times 2 \times 5 = 40$
$100 - 60 = 40$	$8 \times 10 \div 2 = 40$
$90 - 50 = 40$	$16 \div 2 \times 5 = 40$
$7 + 9 + 11 + 13 = 40$	$8 + 8 + 8 + 8 + 8 = 40$
$4 + 8 + 12 + 16 = 40$	$6 + 7 + 8 + 9 + 10 = 40$
$48 - 8 = 40$	$2 + 5 + 8 + 11 + 14 = 40$
$32 + 8 = 40$	$14 + 2 + 11 + 5 + 8 = 40$
$56 - 16 = 40$	$16 + 16 + 8 + 16 + 24 = 40$
$64 - 24 = 40$	

41

$40 + 1 = 41$	$41 \times 1 = 41$
$30 + 11 = 41$	$82 \div 2 = 41$
$20 + 21 = 41$	$82 - 41 = 41$
$100 - 59 = 41$	$31 + 10 = 41$
$90 - 49 = 41$	$32 + 9 = 41$
$50 - 9 = 41$	$33 + 8 = 41$

42

40 + 2 = 42	2 × 21 = 42
41 + 1 = 42	3 × 14 = 42
50 − 8 = 42	6 × 7 = 42
100 − 58 = 42	2 × 3 × 7 = 42
13 + 14 + 15 = 42	35 + 7 = 42
7 + 14 + 21 = 42	28 + 14 = 42
9 + 10 + 11 + 12 = 42	49 − 7 = 42
6 + 9 + 12 + 15 = 42	56 − 14 = 42

43

40 + 3 = 43	43 × 1 = 43
42 + 1 = 43	86 ÷ 2 = 43
33 + 10 = 43	86 − 43 = 43
100 − 57 = 43	23 + 20 = 43
90 − 47 = 43	13 + 30 = 43
50 − 7 = 43	21 + 22 = 43

44

$40 + 4 = 44$	$2 \times 22 = 44$
$43 + 1 = 44$	$4 \times 11 = 44$
$100 - 56 = 44$	$2 \times 2 \times 11 = 44$
$50 - 6 = 44$	$8 \times 11 \div 2 = 44$
$99 - 55 = 44$	$22 + 22 = 44$
$88 - 44 = 44$	$8 + 10 + 12 + 14 = 44$
$77 - 33 = 44$	$9 + 8 + 7 + 6 + 5 + 4 + 3 + 2 = 44$
$66 - 22 = 44$	$45 - 1 = 44$

45

$40 + 5 = 45$	$3 \times 15 = 45 \quad 72 - 27 = 45$
$44 + 1 = 45$	$5 \times 9 = 45$
$90 - 45 = 45$	$3 \times 3 \times 5 = 45$
$100 - 55 = 45$	$9 \times 10 \div 2 = 45$
$50 - 5 = 45$	$6 \times 15 \div 2 = 45$
$75 - 30 = 45$	$1 + 2 + 3 + 4 + 5 + 6 + 7 + 8 + 9 = 45$
$60 - 15 = 45$	$15 + 15 + 15 = 45$
$54 - 9 = 45$	$5 + 15 + 25 = 45$
$63 - 18 = 45$	$7 + 8 + 9 + 10 + 11 = 45$
	$5 + 7 + 9 + 11 + 13 = 45$

46

$40 + 6 = 46$	$2 \times 23 = 46$
$45 + 1 = 46$	$23 + 23 = 46$
$50 - 4 = 46$	$69 - 23 = 46$
$100 - 54 = 46$	$10 + 11 + 12 + 13 = 46$
$90 - 44 = 46$	$1 + 8 + 15 + 22 = 46$
$60 - 14 = 46$	$30 + 16 = 46$

47

$40 + 7 = 47$	$47 \times 1 = 47$
$46 + 1 = 47$	$94 \div 2 = 47$
$45 + 2 = 47$	$94 - 47 = 47$
$100 - 53 = 47$	$37 + 10 = 47$
$90 - 43 = 47$	$27 + 20 = 47$
$50 - 3 = 47$	$17 + 30 = 47$

48

40 + 8 = 48	2 × 24 = 48
47 + 1 = 48	3 × 16 = 48
50 − 2 = 48	4 × 12 = 48
90 − 42 = 48	6 × 8 = 48
100 − 52 = 48	2 × 2 × 2 × 2 × 3 = 48
16 + 16 + 16 = 48	12 + 12 + 12 + 12 = 48
8 + 16 + 24 = 48	9 + 11 + 13 + 15 = 48
56 − 8 = 48	3 + 9 + 15 + 21 = 48
72 − 24 = 48	8 + 8 + 8 + 8 + 8 + 8 = 48
96 − 48 = 48	3 + 5 + 7 + 9 + 11 + 13 = 48

49

40 + 9 = 49	7 × 7 = 49
48 + 1 = 49	7 + 7 + 7 + 7 + 7 + 7 + 7 = 49
50 − 1 = 49	1 + 3 + 5 + 7 + 9 + 11 + 13 = 49
100 − 51 = 49	4 + 5 + 6 + 7 + 8 + 9 + 10 = 49
56 − 7 = 49	7 + 42 = 49
63 − 14 = 49	14 + 35 = 49
70 − 21 = 49	21 + 28 = 49
98 − 49 = 49	77 − 28 = 49

50

$5 \times 10 = 50$	$2 \times 25 = 50$
$49 + 1 = 50$	$5 \times 10 = 50$
$100 - 50 = 50$	$2 \times 5 \times 5 = 50$
$90 - 40 = 50$	$15 \times 5 \div 3 \times 2 = 50$
$10 + 40 = 50$	$10 + 10 + 10 + 10 + 10 = 50$
$20 + 30 = 50$	$8 + 9 + 10 + 11 + 12 = 50$
$5 + 10 + 15 + 20 = 50$	$6 + 8 + 10 + 12 + 14 = 50$
$10 \times 10 \div 2 = 50$	$11 + 12 + 13 + 14 = 50$

51

$50 + 1 = 51$	$3 \times 17 = 51$
$41 + 10 = 51$	$17 + 17 + 17 = 51$
$31 + 20 = 51$	$16 + 17 + 18 = 51$
$100 - 49 = 51$	$21 + 30 = 51$
$90 - 39 = 51$	$11 + 40 = 51$
$60 - 9 = 51$	$15 + 17 + 19 = 51$

52

$50 + 2 = 52$	$2 \times 26 = 52$
$51 + 1 = 52$	$4 \times 13 = 52$
$60 - 8 = 52$	$2 \times 2 \times 13 = 52$
$100 - 48 = 52$	$10 + 12 + 14 + 16 = 52$
$26 + 26 = 52$	$1 + 9 + 17 + 25 = 52$
$13 + 39 = 52$	$13 + 13 + 13 + 13 = 52$

53

$50 + 3 = 53$	$53 \times 1 = 53$
$52 + 1 = 53$	$33 + 20 = 53$
$43 + 10 = 53$	$23 + 30 = 53$
$100 - 47 = 53$	$13 + 40 = 53$
$90 - 37 = 53$	$45 + 8 = 53$
$60 - 7 = 53$	$53 + 0 = 53$

54

$50 + 4 = 54$	$2 \times 27 = 54$
$53 + 1 = 54$	$3 \times 18 = 54$
$60 - 6 = 54$	$6 \times 9 = 54$
$100 - 46 = 54$	$2 \times 3 \times 3 \times 3 = 54$
$75 - 21 = 54$	$9 + 9 + 9 + 9 + 9 + 9 = 54$
$63 - 9 = 54$	$12 + 13 + 14 + 15 = 54$
$72 - 18 = 54$	$9 + 12 + 15 + 18 = 54$
$81 - 27 = 54$	$17 + 18 + 19 = 54$
$90 - 36 = 54$	$9 + 18 + 27 = 54$
$45 + 9 = 54$	$4 + 6 + 8 + 10 + 12 + 14 = 54$

55

50 + 5 = 55	5 × 11 ~~555~~ 0 = 55
54 + 1 = 55	11 + 11 + 11 + 11 + 11 = 55
60 − 5 = 55	9 + 10 + 11 + 12 + 13 = 55
100 − 45 = 55	7 + 9 + 11 + 13 + 15 = 55
90 − 35 = 55	15 + 7 + 13 + 9 + 11 = 55
99 − 44 = 55	3 + 7 + 11 + 15 + 19 = 55
88 − 33 = 55	19 + 3 + 15 + 7 + 11 = 55
77 − 22 = 55	22 + 22 + 11 = 55
66 − 11 = 55	44 + 11 = 55
	33 + 22 = 55

56

50 + 6 = 56	2 × 28 = 56
55 + 1 = 56	4 × 14 = 56
60 − 4 = 56	7 × 8 = 56
100 − 44 = 56	8 × 7 = 56
90 − 34 = 56	2 × 2 × 2 × 7 = 56
63 − 7 = 56	6 × 7 ÷ 3 × 4 = 56
70 − 14 = 56	2 + 4 + 6 + 8 + 10 + 12 + 14 = 56
77 − 21 = 56	5 + 6 + 7 + 8 + 9 + 10 + 11 = 56
64 − 8 = 56	11 + 5 + 10 + 6 + 9 + 7 + 8 = 56
72 − 16 = 56	16 + 16 + 16 + 8 = 56
80 − 24 = 56	11 + 13 + 15 + 17 = 56
88 − 32 = 56	8 + 12 + 16 + 20 = 56

57

50 + 7 = 57	3 × 19 = 57
56 + 1 = 57	95 ÷ 5 × 3 = 57
60 − 3 = 57	19 + 19 + 19 = 57
100 − 43 = 57	20 + 20 + 20 − 3 = 57
76 − 19 = 57	18 + 19 + 20 = 57
95 − 38 = 57	17 + 19 + 21 = 57
38 + 19 = 57	16 + 19 + 22 = 57
40 + 20 − 3 = 57	15 + 19 + 23 = 57

58

50 + 8 = 58	2 × 29 = 58
57 + 1 = 58	29 + 29 = 58
48 + 10 = 58	1 + 10 + 19 + 28 = 58
100 − 42 = 58	13 + 14 + 15 + 16 = 58
90 − 32 = 58	10 + 13 + 16 + 19 = 58
60 − 2 = 58	7 + 12 + 17 + 22 = 58

59

50 + 9 = 59	59 × 1 = 59
58 + 1 = 59	60 − 1 = 59
100 − 41 = 59	49 + 10 = 59
90 − 31 = 59	39 + 20 = 59

60

$6 \times 10 = 60$	$2 \times 30 = 60$
$59 + 1 = 60$	$3 \times 20 = 60$
$100 - 40 = 60$	$4 \times 15 = 60$
$90 - 30 = 60$	$5 \times 12 = 60$
$75 - 15 = 60$	$6 \times 10 = 60$
$45 + 15 = 60$	$2 \times 2 \times 3 \times 5 = 60$
$50 + 10 = 60$	$3 \times 4 \times 5 = 60$
$54 + 6 = 60$	$5 + 7 + 9 + 11 + 13 + 15 = 60$
$48 + 12 = 60$	$10 + 11 + 12 + 13 + 14 = 60$
$42 + 18 = 60$	$4 + 8 + 12 + 16 + 20 = 60$
$36 + 24 = 60$	$12 + 14 + 16 + 18 = 60$
$66 - 6 = 60$	$6 + 12 + 18 + 24 = 60$
$72 - 12 = 60$	$19 + 20 + 21 = 60$
$84 - 24 = 60$	$10 + 20 + 30 = 60$

Información adicional sobre cómo enseñar a su bebé

L A serie de Conocimientos Enciclopédicos de la Revolución Pacífica incluye los siguientes grupos de tarjetas para potenciar la inteligencia (*Bit of Intelligence*):

ARTE: Grandes obras maestras del arte; Autorretratos de grandes artistas; Obras maestras de Da Vinci; Obras maestras de Picasso; Obras maestras de Van Gogh.

HISTORIA NATURAL: Anfibios – Grupo I; Primates – Grupo I; Pájaros; Aves de presa; Mariposas; Dinosaurios; Flores – Grupo I; Insectos – Grupo I; Insectos – Grupo II; Hojas; Mamíferos – Grupo I; Mamíferos – Grupo II; Reptiles; Criaturas marinas.

PERSONAJES: Compositores; Exploradores; Presidentes de los Estados Unidos – Grupo I; Grandes inventores; Líderes mundiales.

VEHÍCULOS: Vehículos aéreos.

MÚSICA: Instrumentos musicales.

ANATOMÍA: Órganos del cuerpo.

MATEMÁTICAS: Polígonos regulares.

EL DICCIONARIO ILUSTRADO

CD-ROMS

La Serie «La Revolución Pacífica» incluye diez volúmenes del *Diccionario Ilustrado* en Cd-Rom.

El Programa del Diccionario Ilustrado está diseñado para darles a los padres un método muy fácil de utilizar para introducir un programa de conocimientos enciclopédicos en cinco idiomas. El niño puede concentrarse en un solo idioma u obtener conocimientos en los cinco.

Cada CD-Rom contiene quince categorías con imágenes para potenciar la inteligencia con diez imágenes en cada categoría, lo que hace un total de 150 imágenes diferentes que pueden consultarse en inglés, español, japonés, italiano y francés.

Con cada imagen aparece una palabra en tamaño grande para que se pueda leer. El niño puede elegir si quiere ver la imagen y la palabra, la imagen solo, o la palabra solo. Los padres y el niño pueden crear también su propia categoría eligiendo las imágenes que deseen de las 150 que tiene el CD-Rom.

Este programa es tan fácil de utilizar que incluso niños de solo tres años han podido utilizarlo sin ayuda.

LIBROS, VÍDEOS Y KITS RELACIONADOS
CON LA SERIE «LA REVOLUCIÓN PACÍFICA»

CÓMO ENSEÑAR A LEER A SU BEBÉ
Glenn Doman y Janet Doman

Este libro le proporcionará a su hijo el disfrute de la lectura. Le mostrará lo fácil y placentero que es enseñar a un niño pequeño a leer. En el libro se explica cómo empezar un programa de lectura y cómo ir expandiéndolo, cómo hacer y organizar los materiales, y cómo desarrollar al máximo el potencial de su bebé.

También disponibles **en vídeo y Kits para enseñar a leer a su bebé** (disponible en español).

CÓMO ENSEÑAR MATEMÁTICAS A SU BEBÉ
Glenn Doman y Janet Doman

Este libro le enseñará a desarrollar la capacidad de su hijo para pensar y razonar con buenos resultados. Le mostrará lo fácil y placentero que es enseñarle matemáticas a su hijo. En el libro se explica cómo empezar un programa de matemáticas y cómo ir expandiéndolo, cómo hacer y organizar los materiales, y cómo desarrollar al máximo el potencial de su bebé.

También disponibles: **en vídeo y Kits (no disponibles en español).**

CÓMO ENSEÑAR CONOCIMIENTOS ENCICLOPÉDICOS A SU BEBÉ
Glenn Doman, Janet Doman y Susan Aisen

Este libro propone un programa de información visualmente estimulante diseñado para ayudar a su hijo a aprovechar su potencial natural para aprender cualquier cosa. Le mostrará lo fácil y placentero que es enseñar a un niño pequeño arte, ciencia o naturaleza. Su hijo empezará a reconocer los insectos del jardín, los países del mundo, descubrirá la belleza de una pintura de Van Gogh y muchas cosas más. En el libro se explica cómo empezar un programa y cómo ir expandiéndolo, cómo hacer y organizar los materiales, y cómo desarrollar al máximo el potencial de su bebé.

También disponibles: **en vídeo y Kits (no disponibles en español).**

CÓMO MULTIPLICAR LA INTELIGENCIA DE SU BEBÉ
Glenn Doman y Janet Doman

Este libro proporciona un programa integral que hará que su bebé pueda aprender a leer, matemáticas y cualquier dato sobre cualquier tema. Le mostrará lo fácil y placentero que es enseñar a su bebé y ayudar a que su hijo tenga mejores capacidades y más confianza. En el libro se explica cómo empezar un programa y cómo ir expandiéndolo, cómo hacer y organizar los materiales, y cómo desarrollar al máximo el potencial de su bebé.

También disponibles: **Kits para multiplicar la inteligencia de su bebé (no disponibles en la edición española).**

BEBÉ EN FORMA, BEBÉ INTELIGENTE
Glenn Doman, Douglas Doman y Bruce Hagy

Este libro explica con un lenguaje fácil de entender los principios básicos, la filosofía y las fases de la movilidad. Esta obra inspiradora describe lo fácil y placentero que puede ser enseñar a un niño pequeño a conseguir la excelencia física. Muestra claramente cómo crear un entorno para cada fase de la movilidad que contribuirá a hacer más fácil el avance y el desarrollo de su bebé. También apunta que el equipo de madre, padre y bebé es el equipo atlético más importante que conocerá su hijo en su vida. Se dan ejemplos de cómo comenzar, cómo fabricar los materiales y cómo expandir el programa, todo ello apoyado con gráficos, fotografías e ilustraciones a todo color e instrucciones detalladas para ayudarle a crear su propio programa. También disponible: **en vídeo.**

QUÉ HACER POR SU HIJO CON LESIÓN CEREBRAL
Glenn Doman

En este revolucionario libro, Glenn Doman, pionero en el tratamiento de la lesión cerebral, trae una esperanza real para miles y cientos de niños, muchos de los cuales habían sido dados por perdidos o sentenciados a una vida de confinamiento institucional. Basado en décadas de trabajo eficaz en los Institutos para el Logro del Potencial Humano, este libro explica la razón por la que fallaban las viejas teorías y técnicas y por qué la filosofía de los Institutos y sus revolucionarios tratamientos funcionan.

SÍ, SU BEBÉ ES UN GENIO
Desarrolle y estimule el máximo potencial de su recién nacido
Glenn Doman y Janet Doman

Este libro les proporciona a los padres toda la información que necesitan para ayudar a su bebé a lograr explotar completamente todo su potencial. Primero, los autores explican el crecimiento y el desarrollo del recién nacido, incluyendo todas las fases críticas. Seguidamente, guían a los padres para que puedan crear un ambiente en el hogar que mejore y enriquezca el desarrollo cerebral. Y lo que es más importante, los padres aprenden a diseñar un programa diario efectivo y equilibrado para el crecimiento físico e intelectual. Este programa divertido acerca a los padres y a los niños y establece un vínculo de enseñanza y amor que dura toda la vida.

CÓMO ENSEÑAR A NADAR A SU BEBÉ
Desarrolle y estimule el máximo potencial de su recién nacido
Douglas Doman

Nadar es una función humana básica y esencial que va de la mano con cada uno de los pasos del desarrollo que hemos descrito en este libro. Si su bebé está desarrollando su capacidad de natación, sus capacidades para realizar todos los programas físicos se verán mejoradas. Con más de 160 fotografías, en este libro se dan instrucciones detalladas para desarrollar todas las habilidades necesarias para nadar de forma correcta, lo que incluye el control de la respiración, el movimiento de las piernas y la inmersión. Todas estas habilidades se combinan para enseñar al niño a tirarse de cabeza, flotar y nadar, tanto en la superficie como bajo el agua.

Libros para niños

Los lectores más pequeños tienen necesidades específicas que no quedan cubiertas por la literatura infantil tradicional, que está diseñada para que los adultos se la lean a los niños pequeños, no para que la lean ellos mismos. Para niños tan pequeños es necesaria una cuidadosa selección de vocabulario, estructura sintáctica, tamaño de la letra y formato. El diseño de estos libros para niños se basa en medio siglo de investigaciones y descubrimientos sobre lo que funciona mejor para los lectores más jóvenes.

Basta ya, Iñigo, basta ya (niños de 1 a 6 años)
Escrito por Janet Doman e ilustrado por Michael Armentrout

La nariz no son los pies (niños de 1 a 3 años)
Escrito por Glenn Doman e ilustrado por Janet Doman

Cursos para padres

Ofrecidos en Los Institutos para el Logro del Potencial Humano

• CURSO: *CÓMO MULTIPLICAR LA INTELIGENCIA DE SU BEBÉ*
• CURSO: *QUÉ HACER POR SU HIJO CON LESIÓN CEREBRAL*

Si desea más información sobre estos cursos puede contactar con nosotros en la siguiente dirección:

En Europa:

Istituti per il Raggiungimento del Potenziale Umano®, Europa
(O.N.L.U.S.)
Via delle Colline di Lari, 6
56043 Fauglia (PI), Italia
Teléfono: (0039) 050-650 237
Fax: (0039) 050-659 081
Correo Electrónico: Info@irpue.it
http://www.irpue.it / www.iahp.org

En México:

Los Institutos para el Logro del Potencial Humano®, Oficina Latinoamérica, A.C.
Sierra Hermosa 320
Los Bosques
Aguascalientes, Ags. 20120 México
Teléfono: (0052) 449-996-0945
Fax: (0052) 449-996-0944
Correo Electrónico: latinoamerica@iahp.org
http://www.iahp.org

En EE.UU.

The Institutes for the Achievement of Human Potential® (Los Institutos para el Logro del Potencial Humano)
8801 Stenton Avenue
Wyndmoor, PA 19038 EE.UU.
Teléfono (EE.UU.): +1 (215) 233 2050
Fax (EE.UU.): (215) 233 9646
Correo electrónico: institutes@iahp.org
http://www.iahp.org

Si desea más información sobre estos libros, póngase en contacto con:

The Gentle Revolution Press™
8801 Stenton Avenue
Wyndmoor, PA 19038 (EE.UU.)
Teléfono: (+1) 215-233-2050, Extensión: 2525
Fax: 215-233-1530
Línea gratuita: (+1) 866-250-2229
Correo electrónico: order@gentlerevolution.com
http://www.gentlerevolution.com

Índice temático

Abstracciones, desventajas, 54, 57, 156

Aisen, Suzie, 26

Álgebra, 58, 115, 125, 131

Aprendizaje
capacidad de los niños, 37, 39, 42-43, 49, 52, 55, 148
definición, 142
lenguas, 33, 51, 53
matemáticas. *Consulte* «Matemáticas» y «Enseñanza de las matemáticas».
relación con la constancia, 82
relación con la velocidad, 38, 54, 81, 91, 129
y colegio, 44

Calculadoras, relación con la enseñanza, 98, 112, 133, 149, 156

Cantidad
números como cantidades, 97, 99, 105, 140
reconocimiento (primer paso), 89, 95, 97, 102, 104-105, 140

Capacidad de aprendizaje de los niños, 37, 39-42, 52, 55, 148, 164

Capacidad motora, relación con el aprendizaje, 63, 142

Capacidad sensorial, relación con el aprendizaje, 63, 142

Centro Europeo para la Investigación Nuclear (CERN), 154

Cerebro
capacidad, 53
desarrollo, 83
funciones, 59, 63-64

CERN. *Consulte* «Centro Europeo para la Investigación Nuclear».

Cómo enseñar a leer a su bebé (Doman), 22, 27

Constancia, relación con el aprendizaje, 82

Corteza, funciones, 51, 63, 154

Desigualdad, enseñanza, 45, 118, 122, 130

Doman, Janet, 26-29, 159, 164

Edad para empezar con las
matemáticas
entre dieciocho y treinta meses,
146
entre doce y dieciocho, 144-146
entre siete y doce meses, 143
entre tres y seis meses, 141
recién nacidos, 77, 136-137
Educación, definición, 38
Elección del momento, efectividad,
76-79
Enseñanza
cuándo empezar, 135. *Consulte*
también «Empezar con las
matemáticas».
matemáticas. *Consulte*
«Matemáticas».
materiales, 83
Enseñanza de las matemáticas
desigualdad, 118, 122, 130
estimulación visual, (paso cero),
136, 140
fracciones, 115, 124, 131
igualdad, 115, 118-119, 122,
130-131
mayor que, 115, 117-118, 130-131
menor que, 115, 117-118,
130-131
multiplicación, 58, 104-105,
111-113, 116, 118-119, 125
operaciones (segundo paso),
89, 97
operaciones con numerales
(quinto paso), 89, 131
reconocimiento de cantidades
(primer paso), 89, 91
reconocimiento de numerales
(cuarto paso), 89, 127
resolución de problemas (tercer
paso), 89, 109

resta, 58, 79, 102-103
secuencias, 115-117, 120, 131,
167
suma, 58, 79, 81, 97-99,
101-102, 104-106, 111-114,
118-120, 131, 167
Enseñanza de matemáticas como
juego
materiales, 83
reglas, 57, 113
Estimulación visual (paso cero),
136, 140
Exámenes o pruebas, desventajas,
83, 95, 97, 109, 110

Fracciones, enseñanza, 115, 124, 131

Igualdad, enseñanza, 115, 118, 119,
122
Instituto Evan Thomas, 25, 27-28
Instituto para el Logro de la
Excelencia Fisiológica, 160
Instituto para el Logro del Potencial
Humano, 151
Inteligencia, relación con el
pensamiento, 64
Juguetes, herramientas de
aprendizaje, 41-43

Klein, Willem, 154
Klosovskii, Boris, 61
Krech, David, 61-62

Lenguaje
capacidades lingüísticas de los
niños, 49, 52

Matemáticas
camino, 89, 95, 114, 117, 133,
135-136, 140-141, 145-146,

148. *Consulte también* «Enseñanza de las matemáticas». como juego, 76, 79, 86, 94
cuándo empezar, 135. *Consulte también* «Empezar con las matemáticas».
enseñanza. *Consulte* «Enseñanza de las matemáticas».
exámenes o pruebas, 83, 95, 97, 109-110
función del cerebro humano, 59, 63
materiales, 83
símbolos, relación con el aprendizaje, 33, 54
Materiales para la enseñanza de las matemáticas
lista, 144
organización, 140
preparación, 83-87
tamaño, 77, 128, 133
velocidad al mostrarlos, 80, 94
Mayor que, enseñanza, 115, 117-118, 130-131
Menor que, enseñanza, 115, 117-118, 130-131
Mill, John Stuart, 34
Mozart, Wolfgang Amadeus, 34, 64
Multiplicación, enseñanza, 58, 104-105, 111-113, 116, 118-119, 125
Música, símbolos, relación con el aprendizaje, 33, 54

Niños con lesión cerebral
crecimiento neurológico, 42
hemisferectomía, 17
tratamiento, 13-14

Niños de treinta meses o más, enseñanza de las matemáticas, 148
Niños entre dieciocho y treinta meses, enseñanza de las matemáticas, 146
Niños entre doce y dieciocho meses, enseñanza de las matemáticas, 144, 146
Niños entre siete y doce meses, enseñanza de las matemáticas, 143
Niños entre tres y seis meses, enseñanza de las matemáticas, 141
Numerales
definición, 89, 127
reconocimiento (cuarto paso), 89, 127
Números
definición, 54, 89
personalidad, 115, 120, 122, 165

Operaciones con numerales, enseñanza (quinto paso), 89, 131
Operaciones, enseñanza (segundo paso), 97, 89
Ormandy, Eugène, 34

Pasos para enseñar operaciones (segundo paso), 89, 97
estimulación visual (paso cero), 136, 140
operaciones con numerales (quinto paso), 89, 131
reconocimiento de cantidades (primer paso), 89, 91
reconocimiento de numerales (cuarto paso), 89, 127

resolución de problemas (tercer paso), 89, 109
Percepción, relación con el aprendizaje, 148
Preparación para la lectura, 61
Programa diario
    durante el primer paso, 93
    durante el segundo paso, 103

Ratas, estudio sensorial, 61, 62
Recién nacidos, enseñanza de las matemáticas, 77, 136-137
Resolución de problemas (tercer paso), 89, 109
Resta, enseñanza, 115-117, 120, 131, 167
Revolución Pacífica, definición, 27, 151, 157
Russell, Bertrand, 34, 59, 64

Secuencias
    de restas, 115-117, 120, 131, 167
    de sumas, 115-117, 120, 131, 167
Sentidos, los cinco sentidos y el cerebro, 60
Serie La Revolución Pacífica, 27, 151, 157
Símbolos, relación con el aprendizaje, 32-34, 53, 58, 67, 41, 75, 89, 95, 100, 116, 118, 120, 130, 133-134
Sumas, enseñanza, 58, 79, 81, 97-99, 101-102, 104-106, 111-114, 118-120, 131, 167

Valor real de los numerales, 75, 84, 148
Velocidad, relación con el aprendizaje, 80, 94
Vías motoras del cerebro, 62, 141